「日教組」という名の十字架

戦後教育の源流をたどる

小林 正

善本社

まえがき

戦後日本の教育にとって、日教組は、占領軍が負わせた「十字架」だったのではないかと思う。

「十字架」とは、広辞苑によると「一、罪人を磔《はりつけ》にする柱、二、キリスト教徒が尊ぶ十字形のしるし、イエスが磔にされた記念、三、贖罪《しょくざい》・苦難の表象」などとなっている。

GHQは占領初期の段階において、政治犯の釈放をはじめ広範な自由を保障する措置を実施するとともに「五大改革指令」（資料編三参照）を発し、婦人解放・労働組合育成・自由主義的学校教育の奨励を日本政府に求めた。

当時、こうした占領軍の民主化政策を左翼勢力は「解放軍」として大いに歓迎した。

一方、教育に関して、GHQは大東亜戦争の原因を日本の戦前の教育に求め、これを根底から覆すため、戦前の教育体制を解体し超国家主義・軍国主義を教育から永久に追放するため、いわゆる「四大教育指令」（資料編四参照）として、まず昭和二十年十月二十二日、「日本教育制度に対する管理政策」を、続いて十月三十日、第二弾として「教職追放指令」を発した。

このうち、「教職追放指令」はすべての教職員を対象とする「教職適格審査」という前代未聞の規模で行われた。占領前期、審査総数のほぼ一パーセントにあたる五千二百余名が追放された。なお、この「審査」を前に十一万五千二百余名（審査総数の二〇パーセント）が自ら職を辞している。この問題は戦後教育界に大きな影響を及ぼした。詳しくは本文で述べる。

ＧＨＱはポツダム宣言に基づいて「大日本帝国」の解体を強権をもって断行するとともに、一連の民主化政策によって下からの力による「国家解体」を促進させようとした。各地に教員組合が結成され、教職追放などの占領行政に積極的に協力する者も現れた。文部省もＧＨＱの意向に従い、「新教育指針」などで「組合」の結成を奨励した（昭和二十一年五月）。「二・一スト」中止指令（昭和二十二年）によって「解放軍」幻想はさすがに消えたが、これを契機として労働組合結成の動きが加速された。

占領軍の方針によって「日教組」は誕生し（昭和二十二年六月）、以後も「追い風」となったことは確かである。さらに、戦前の帝国教育会が戦後、大日本教育会と改称されて存続していたが、これも解散を余儀なくされ、後は日教組の独り舞台となった。発足当初、職能的性格と労働組合的性格の両面をもっていた日教組は後に、「教師の倫理綱領」（資料編十一参照）に示されているように「労働組合」としての路線を歩むようになる。

占領後期の段階になると、米ソ冷戦の激化、さらには朝鮮戦争の勃発《ぼっぱつ》（昭和二十五年）を背景に占領政策は急転回し、教職追放も一転してレッド・パージとなり、組織内の共産党員・シンパが追放されたが、日教組を揺るがすには至らなかった。

一方、ＧＨＱ及び米国教育使節団主導による戦後教育改革は憲法の施行にさきがけて、その実施法として「教育基本法」（資料編十参照）を制定した（昭和二十二年三月）。その後、国会において教育勅語の廃止・失効確認決議を採択させた（資料編八参照）。これらの措置は、わが国が独立を回復して以降今日に至るまで、日本の教育に禍根を残している。

その中心をなすものは、「教育権」がどこに属するかという問題である。広く国民教育に関する責任は国が負うべきものであるが、教育基本法にはその定めがない。しかも第十条（教育行政）の「不当な支配」があたかも国の教育への関与を意味しているかのごとき主張がなされ、「教育裁判」の争点となってきた。

戦後教育史はまさに、この「教育権」をめぐる文部省と日教組の対立を縦軸とし、その都度の教育施策に関する抗争を横軸として展開されてきた。この混乱の根源に占領教育政策の作為を見る。日本の教育が今日まで背負わされてきた贖罪・苦難の表象は「日教組」という名の十字架である。

本書を上梓してから五年が経過している。第一部の「戦後教育の源流をたどる」に加えて今日までの日教組の組織と運動について加筆する必要を痛感して、第二部「新たな思想闘争のイデオローグとして」を加えた。それにともなって旧版の一部を削除した。

資料編の中、日教組組織図は最新の資料に基づいている。

目次

「日教組」という名の十字架

（上）米戦艦ミズーリ号上での降伏文書調印式（昭和20年9月2日）
（下）議事堂前を行く米軍の水陸両用車

第一部　戦後教育の源流をたどる

第一章　敗　戦

ある教師の昭和史

ここに一冊の本がある。『ある教師の昭和史』である。著者の荻野末は、大正十五年に師範学校を卒業して小学校の教師となってより昭和四十二年に退職するまで、戦前、戦中、戦後の四十一年間教職にあった。

この本は戦後二十五年を経た昭和四十五年に刊行された。日教組はこの時代の証言、教師の良心の書としてこれを称揚した。

まえがきの一部を紹介する。

荻野末著『ある教師の昭和史』

「……わたしのうけた教育の内容は、明治

以来の抑圧の歴史のなかでかためられてきたもので、学校でも家庭でも、わたしは、科学や真実に開放された教育に接する機会がありませんでした。

……大正から昭和へ、おびただしく創作されてきた、社会と人間の解放を主題とした文学作品とその理論を、青年のわたしはむさぼるようによみながら、一方で石川啄木の正系をつぐ生活短歌運動に参加していきました。そのことは、わたしの教育実践としては生活綴り方につながっていきました。……それらがすこし見えはじめたとき、十五年戦争は巨大な進行をはじめ、日本ファシズムは、人間的なもののすべてをおしながし、おしつぶしていきました。

わたしもまたその激流のなかにころがるひとつぶの石ころにすぎず、おし流されていき、やがて、みずからすすんで流れそのものになっていきました。

『八月十五日』をむかえました。戦中にわたしたちがうちこんだ教育の犯罪性を思いしらされました。その教育は、うちこめばうちこむほど非教育を深めるという構造になっていたのでした。

教え子のなん人かは、ついに戦場からかえりませんでした。

教師はオオカミだったのです。人間の子どもをオオカミに育てるいとなみを、教育の名のもとに行なっていたオオカミなのでした。……」

やや長い引用になったが、傍線部分は戦後教育の出発時点での教師たちを知るうえで示唆に富むものと思う。

もう一つ、高知の教師竹本源治がのこした『戦死せる教え子よ』がある。

「逝いて帰らぬ教え子よ／私の手は血まみれだ！／きみを縊《くび》ったその綱の／端を私は持っていた／しかも人の子の師の名において／嗚呼《ああ》！／『お互いにだまされていた』の言い訳が／なんでできよう／慙愧《ざんき》　悔恨　懺悔《ざんげ》を重ねても／それがなんの償いになろう／逝った君はもう還らない／今ぞ私は汚濁の手をすすぎ／涙をはらって君の墓標に誓う／『繰り返さぬぞ絶対に』」

歴史教科書として採用された『太平洋戦争史』

敗戦後、日本人は外界から遮断され、占領軍による徹底した情報管理の下におかれた。一方において、「新聞と言論の自由に関する新措置」指令、ニュースの事前検閲等の措置

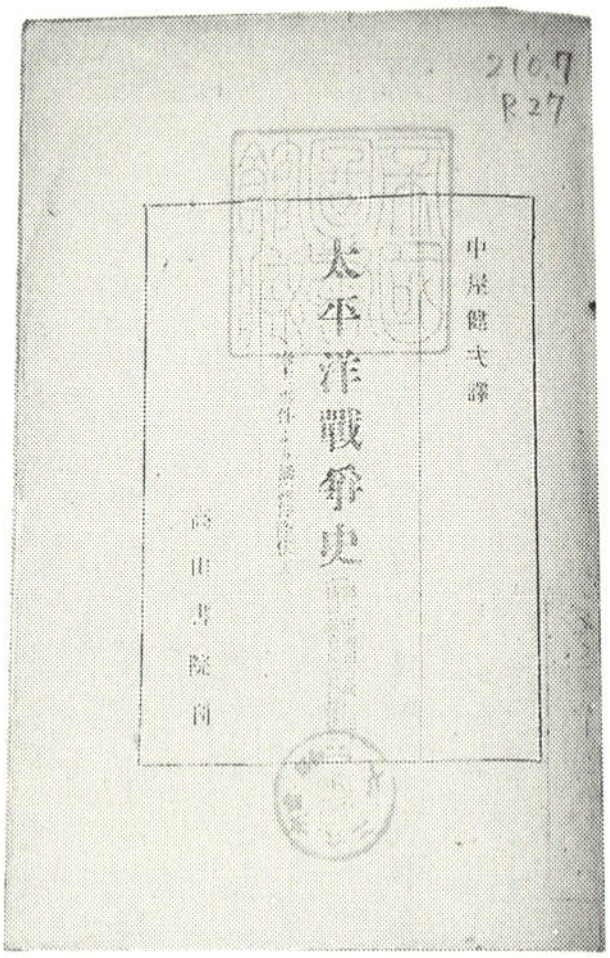

ＧＨＱ／ＣＩＥ資料提供
『太平洋戦争史』

によってマスメディアを統制するとともに、国民の私信なども検閲の対象とされた。

新憲法制定に主導権を発揮したＧＨＱは、一方において世界に類例がないほどの人権条項を織り込んだ「新聞と自由に関する新措置」を指令すると同時に、占領目的達成のためには、ニュースの事前検閲等によってマスメディアの言論を統制し、国民の信書も検閲の対象としてその秘密を踏みにじるという、手段を選ばぬ措置を徹底して行ったのである。

さらに、日本占領のために周到に用意された日本の戦争犯罪に対する情報宣伝活動「ウォーギルト・インフォメーション・プログラム」を占領期間の各段階において極めて強力に展開した。

初期の段階で注目すべきものは、ＧＨＱ／ＣＩＥ（民間情報教育局）資料提供の『太平洋戦争史』である。これは大東亜戦争開戦記念日の昭和二十年十二月八日から翌二十一年二月にかけて各紙に一斉に掲載され、同年四月、高山書院から十万部(紙不足の時代に！)刊行された。

共同通信の中屋健弌は「訳者のことば」で次のように述べている。

「……この無意味なりし戦争が何故に起ったのか、そして又日本軍閥がわれわれの自由を如何に横暴に奪い去り、善意なる国民を偽瞞して来たか、についてこれを明確にすることは、その渦中に巻込まれていた日本人の立場を以てしては今のところ極めて困難である。この連合軍総司令部の論述した太平洋戦争史は、日本国民と日本軍閥の間に立って冷静な立場から第三者としてこの問題に明快な解決を与えている。……一読してわれわれが知らんとして知り得なかった諸事実が次々に白日の下に曝《さら》され、その公正なる資料と共に戦後われわれが眼にふれたこの種文献中の最高峰たる地位を占めるものであることは疑いない。……」

昭和二十年十二月八日の全国各新聞は、『奉天事件よりミゾリー号降伏調印まで』と題してこの太平洋戦争史を掲載したが、その国民に与えた反響は極めて大きく、『ポツダム宣言』の示す我が国の民主化革命の行方を示す好指針として、全国民の熟読玩味すべき文献となった。

訳者はこの邦訳に際して、極めて原文に忠実ならんことを期し、訳文は総司令部民間情報教育局当局の厳密なる校閲を仰いだ。……」

本文に立ち入る前に、この「訳者のことば」から、『太平洋戦争史』がいかなる目的で出版されたかを確かめたい。

一、「太平洋戦争」は日本軍閥が善意なる国民を欺瞞《ぎまん》して起こしたものである。

二、「太平洋戦争史」は連合軍総司令部が論述したものである。

三、連合軍総司令部は日本国民と日本軍閥の間に立って、冷静な第三者としてこの問題に明快な解決を与えている。

四、全国民が熟読玩味《がんみ》すべき文献。

五、訳文は当局の厳密なる校閲を仰いだ。

以上のことから、この戦争は軍閥が国民を欺瞞して起こしたこと、その軍閥と国民の間に立って連合国側は第三者として冷静に論述したものであること、民主化革命達成のために全国民はこの書を熟読玩味せよ、というのが目的であることがわかる。

しかし、根本的な問題として、「太平洋戦争」は日本軍と連合軍との戦争だったのであり、連合軍は第三者にはなり得ない。従って戦争終結直後のこの時期、冷静な立場は保ち得ない。報復と懲罰に燃えていたはずである。現にこの時期の占領政策には懲罰的なものが多かった。

連合軍は旧体制を解体するために軍閥と国民を対立させ、あたかもこの戦争がその両者によって戦われたかのごときフィクションを持ち込むことによって第三者を装った。民主化達成のためとして全国民にこの書を読ませることで過去の歴史との断絶をはかった。訳者は当局の厳密なる校閲を仰いだとしているが、別のところで「終始これが翻訳に懇切なる指導を惜しまなかったダムスガード中尉……に深く感謝」すると述べている。

ＧＨＱは教育指令の最後に「修身、日本歴史及び地理停止に関する」指令（資料編四・4参照。なお、戦争終結直後の教科書の取り扱いに関する文部省の対応については資料編五を参照されたい）を発した。その一方で、この『太平洋戦争史』について、文部省から各学校に「なお連合軍総司令部提供に係る『太平洋戦争史』は高山書院において近く発行、日本出版配給統制株式会社を通じて供給せらるる予定につき各学校はそれぞれこれを購入の上国史等授業停止中の教材として適宜利用せらるべきものとす」との依命通知を出させ学校現場への浸透を図った。

「自虐史観」教科書の原典

この本が刊行された当時は用紙事情が極めて悪く、半世紀後の今日、劣化が甚だしく進んでいる。バラバラにならぬように細心の注意を払って目を通していくうちに、この本の記述・表現が、今話題の「自虐史観」教科書と共通していることに気づいた。今日の教科書の原典はここにあったのだ。以下、近・現代史で今なお争点になっている部分を中心に検証したい。

一、「序言」では日本軍国主義者の戦争犯罪を昭和の初期から敗戦まで概観し、「権力濫用《らんよう》」「国民の自由剥奪《はくだつ》」「捕虜及び非戦闘員に対する国際慣習を無視した政府並びに軍部の非道なる取扱い」について強調し、非道な行為で最も重大な結果をもたらしたものは「真実の濫蔽《いんぺい》」だったとしている。一九二五年（大正十四年）、治安維持法を制定し二十年間言論弾圧を行った目的が、軍国主義者の戦争犯罪の隠蔽にあったかのごとき記述になっている。この年、わが国は普通選挙法を制定し、国際的には日ソ基本条約を調印し、ソ連邦を承認している。

これより先、モスクワにおいて第三インターナショナル（コミンテルン）が創立され（一九一九年）、国際的な共産主義運動がヨーロッパ、アジアにおいて展開されていた。革命後、ソ連邦になってからもその「南下政策」は継承され、国交樹立以後も北方の脅威は存在し、加えて国際的共産主義運動の浸透にも対処せざるを得ない状況にあった。東アジアのこうした国際情勢への対応としてとられた諸措置を米国が理解するのは冷戦が激化して以降である。一九五一年（昭和二十六年）、解任後のマッカーサーが米議会で行った証言でもそのことは明らかである。

二、第二章「満州事変」

グルー駐日米国大使からスティムソン国務長官へ宛てた、

「日本に於ては一般に外国特に米国に対する国民の憎悪感を巧みに助長しつつあるが、これは諸外国の反対に遭っている満州問題に対する軍部の支配力強化を目的としていることは明かである。日本の軍部機関は戦争のために造られ、戦争を準備し、戦争を歓迎している。」

との報告を紹介している。親米的だった日本人が米国に反感を持つに至った原因に触れず、「一般的に」として、日本人がもともと排外的であるかのように記述しているが、原因は欧米の人種差別主義にあったことは明らかである。一九〇〇年代初頭の黄禍論に基づく移民排斥、学童の就学拒否など、中西部開発の過程で重要な役割を果たしたアジア系の労働者に対する抑圧が、反感を醸成させた要因である。

さらに、一九一九年（大正八年）国際連盟発足を前にして、わが国は有色人種に対する差別と偏見を絶つために、連盟規約の一項に「人種は平等である」を加えることをパリ講和会議で要求したが受け入れられず、同趣旨の決議も否決された。このとき、日本の牧伸顕代表は「日本政府及び国民は、永年不断の不満を解決せんことを目的とし深甚なる国民的信念にもとづく公平なる主張が採択されなかったことをはなはだ遺憾とするものである。……余は独りこの問題の将来の結果如何《いかん》につき多大の危惧《きぐ》を抱くものなり」と述べたが、つかの間の平和の後に第二次世界大戦が始まり、この予言は不幸にも的中した。裁かれるべきは、このとき日本の提案に反対した連合国側にあるのではないか。

三、第六章「国際的火薬庫」及び第八章「日本軍閥独裁制の発展」

一九二二年（大正十一年）のワシントン条約、一九三〇年（昭和五年）のロンドン条約から日本が一九三六年（昭和十一年）に脱退した経緯について、「かれ等を最も緊張させたのは一等国間の軍備競争で日本が第二位的地位を強いられた事である。」と述べている。

国際協調の時代とされた一九二〇年代においても、欧米優位の体制を維持する国際秩序の立場からのみ記述がなされている。

四、第七章「日支事変」

「日本軍の南京《ナンキン》における悪虐行為中国を徹底抗戦に追い込む」として、

「近代史最大の虐殺事件として証人達の述ぶる所によればこのとき実に二万人からの男女、子供達が殺戮された事が確証されている。」

との記述がなされている。当時の日本側の発表が「中国人がこんなに沢山殺されたのは不良中国人達の仕業であり私有財産の破壊者達は既に逮捕され死刑を執行された、彼等の大部分は蒋介石《しょうかいせき》陣営に不満を抱く中国敗残兵達であった。」としたことについて、これを「日本のヨタ宣伝」としている。

日本軍の「残虐行為」についてはフィリピンでの問題が詳述されているが、中国については米軍が直接かかわっていない問題として、すべてが伝聞によるものである。

この本の発行から一ヵ月後に開廷された東京裁判においては、犠牲者二万人が一気に三十万人に跳ね上がっている。今日、なおこの数字は自己増殖を続ける気配である。

この記述の狙いは、日本国民に対し日本軍の非道を知らしめ、戦争裁判の正当性の根拠とすることにあった。しかし、この本では、これが中国側の徹底抗戦のきっかけとなったとしているのは事実に反する。南京陥落以後、日支事変は武漢三鎮の制圧を経て膠着《こうちゃく》状態となった。戦中、中国側はこれを戦意高揚に取り上げなかったばかりか、国際連盟への提訴も行っていない。「南京大虐殺」は「広島・長崎」を正当化するために突如登場してきた事件である。

五、第十章「太平洋に於ける戦い」「ハル・ノート」に関し、

「日本側代表が速かなる解答を要求した日本側の主張をみるとき、米国政府はかつて探求された広汎な諸原則を考慮することにまで会議を引戻す必要を感じた。（昭和十六年）十一月二十六日、日本側代表に手渡された回答には米国政府が将来の会談を通じて実現可能と思われる案の唯一の例であることも明示していた。」

と述べている。交渉の最終局面で振り出しに戻し、米国側提示の条件が唯一のものとしている。「ハル・ノート」については、その起案者がソ連の諜報部員であったことが判明している。日米戦争がソ連にとって極めて有利な国際関係となることを想定し、日本を戦争に誘い込む挑発として書かれたものである。

戦争末期、ヤルタ密約によってソ連は漁夫の利を得た。すなわち、終戦直前に日ソ中立条約を一方的に破棄し、満州に進入して多大の戦利品を得、南千島をも占拠し、今日なお返還を拒んでいる。この本では連合国の一員であるソ連の国際法違反への言及はない。

六、第十八章「硫黄島と沖縄（日本への飛石）」

「太平洋戦争中日本軍捕虜の数は、日本の軍国主義者達が『武士道の掟』の再現として大いに自殺行為を宣伝したにも拘らず次第に増加して行った。……日本軍の捕虜は例外なしに捕ったら必らず殺されると信じていたのに意外にも良い待遇を受けて大いに驚いた。これらの捕虜が日本に帰された暁には戦争中日本が宣伝した連合軍の残虐性が如何に虚偽に満ちたものであるかがはっきりする訳である。」

なお、サイパンの占領に関しても「住民の殆《ほと》んど半ばが降服したことは、日本人は誰でも死ぬまで戦うのだという軍国主義者の宣伝を実例によって打ち破った訳である」と記述しているが、捕虜の扱いについては、リンドバーグの『第二次大戦日記』や会田雄次の『アーロン収容所』にもあるように、非人道的行為は連合国側にもあった。その最大のものはソ連による捕虜の長期間にわたるシベリア抑留だった。

これらの記述からは、日本人の名誉をことさらに貶《おとし》めようとする勝者の奢《おご》りと起案者の卑しさが感じられる。

七、第二十章「無条件降伏」

「カルフォルニヤから支那沿岸までの広大な太平洋は、米国軍の自由行動をとることが出来る大洋となった。」

これは米国の年来の願望が実現したことを無邪気に手放しで喜んでいる図である。日露戦争以降、米国は日本を太平洋で覇を競う仮想敵国と見なしてきた。「オレンジ計画」は情勢に応じて書き換えられつつその日に備えていた。こんな言い方は、現在なら覇権主義者の言として非難ごうごうというところだろう。

八、第二十章の「原子爆弾の完成」及び「最初の原子爆弾」の項

「……この新武器を戦闘の終結を促進し数千の人命を救うために即時使用することに決定された。……原子爆弾を八月三日以後何時でも天候及び目標により選択し得る四つの選ばれた都市の一つの工業地帯に投下すべき命令を受けた。スパーツ将軍はこれによって広島の陸軍基地を選んだ。」

「八月六日、爆弾は投下された。TNT二万トン破壊力を有するこの一弾は広島の兵器廠都市の六十パーセントを一掃してしまった。偵察写真によれば六・九平方哩《マイル》の同

市の四・一平方哩が完全に粉砕され、……」

日本本土での最終段階の戦闘における人命の損失を原爆の使用によって数千名は軽減し得るとの判断から、広島・長崎を兵器廠に見立てて何の躊躇《ちゅうちょ》もなく原子爆弾を使用した。日本の各都市への爆撃も軍事目標を口実に行った。昭和二十年三月十日の東京大空襲についても「軍都東京」を理由としている。

空襲という報復と懲罰の被害者は圧倒的多数が非戦闘員だった。さらに戦闘の終結を促進するための原爆使用という口実は、戦況及びポツダム宣言に対する日本側の対応からすれば理由とはならない。

「マニラの悲劇」と抱き合せで出版された『長崎の鐘』

ここで一つのエピソードを紹介する。読者の皆さんは永井隆博士の『長崎の鐘』をご存じのことと思う。初版は昭和二十四年一月である。博士の存命中にと、この本の出版に奔走した式場隆三郎が「永井博士のために」と題する序文を書いている。

「……原爆で妻を失い、自らも余命幾許《いくばく》もないことを知った永井氏は、原子病学者としての遺言のような気持ちでペンを執り書き上げたのがこの『長崎の鐘』であった。……私は一読して心うたれ、出版を引き受けた。そして永井氏に書をよせて、この稀有《けう》の文献が必ずや世に認められる日のあることを知らせ、出版の労を私がとることを契った。……しかし心ある人の知るごとく、原子問題は今や世界の重大事であって、戦争責任者の日本人がそれについてものをいうことを慎まねばならない状態にある。

私は永井氏の労作を吉田首相の令息である吉田健一君に英訳してもらい、諸外国の人々にも読んでもらった。そして慎重な準備のもとに、この書の世に出る日を待った。いま関係当局の理解のもとにようやく刊行することができて、著者とともに深い喜びを感じる。付録につけた『マニラの悲劇』のドキュメントは軍政部の提供になるものである。私たちは長崎の悲劇に頭を下げるとともに、マニラの事件についても深い反省を持たねばならぬ。永井氏の記録は世界最初の原爆体験記として、世界中の人々から注目されるであろうし、必ず後世に残る名著である。そして、われわれ日本人はそれとともにマニラ事件を厳粛な気持ちで読まねばならぬ。……」

著者は自序で次のように述べている。

「……この本の目的は、原子爆弾の実相を広く知らせ、人々に戦争を嫌い平和を守る心を起こさせるにあります。その点から考えて、占領軍の方からマニラの記録を頂いて合本にして出すようになったことは大変良い効果をあげるので、感謝に堪えない処です。……この本の題名となった浦上天主堂の鐘は、あのクリスマスに煉瓦の崩れた中からつり出され、地面近くに仮吊りのまま鳴らされてきましたが、それから丸三年たった今、新しい鐘楼が建ち、このクリスマスから中空高く鳴り出すようになりました。この平和の鐘が一日も欠かさず世々の末、世界の終わりの日まで鳴り続きますように祈りかつ努めたいものです。」

当時、出版はＧＨＱの厳しい検閲の下にあり、事前検閲のため英訳した文書の提出が求められていた。さらに、内容が原子爆弾に関するものであったため、当初発行差し止めの扱いとされる状況であった。原爆の残虐性が日本国民に反米感情を抱かせるのではとの懸念からである。

昭和二十一年六月に脱稿された本書が二十四年一月刊行に漕ぎ着けるまでの間、ＧＨＱ

は原稿を国防総省に送り検討した結果、「マニラの悲劇」を付録として付けることで本書の公刊を許可した。

連合軍総司令部諜報課編になる「マニラの悲劇」は序文でこう述べている。

「本書に述べられている数々の事実は、日本人ないしその他何人《なんぴと》と雖《いえど》も否定し得ぬものである。このような流血の記録は、近代史に比類を見ぬところである。これらの行為は、軍事的ないしその他の如何《いか》なる面から見ても、何らかの必要があったとは思えない。飛行機から軍事的目標物を狙って落とされた爆弾が、たまたま誤って無辜の市民を殺傷したということはあり得るし或いは止むを得ないことだともいえよう。しかしながら、マニラ市民に加えられたこのような残虐非道な行為は、戦争の結果だとのみでは済まされぬものがある。これらは野蛮人にもまさる蛮行だといえよう。」

近代史に比類を見ない最大のものは、まさに原爆攻撃そのものではなかったのか。「マニラの悲劇」と比較すること自体誤っている。「マニラの悲劇」の原題は「マニラにおける残虐行為」である。

「終戦の詔勅」は「加之《シカノミナラズ》敵ハ新《アラタ》ニ残虐ナル爆弾ヲ使用シテ頻《シキリ》ニ無辜《ムコ》ヲ殺傷シ惨害ノ及ブ所真《マコト》ニ測ルヘカラサルニ至ル」と述べている。

原子爆弾は一過性のものでなく、長期にわたっていつ発症するか予測し得ない恐怖と苦痛を伴う、人類がかつて経験したことのない症状をもたらした。これは、誤って無辜の市民を殺傷してもそれは戦争の結果だとの認識で、原爆攻撃を正当化する何の根拠にもならない。

傍線部分のマニラ市民を広島・長崎市民と置き換えて読めば、「戦争の結果だとのみでは」それこそ済まされないのではないか。このような文書を抱き合わせて出版を許可したＧＨＱとは何だったのか。広島原爆慰霊碑の碑文「過ちは繰り返しません」とは、誰が誰に言うべきだったのか。

占領期、言論統制の最も厳しかった原爆について、科学と文明という根源的な視点からの問題意識を持つ前に、原爆を落とされたのは日本が悪かったからだという罪過の意識でしか考えることが許されなかった結果が今日なお持続して、奇妙な平和運動になっているのではないかと思う。

初版本の構成は当時の事情を物語っている。本文の「長崎の鐘」は、全三二〇ページのうち一八九ページ、巻頭の写真は四葉であるのに対し、「マニラの悲劇」は一三〇ページ、写真は八葉である。これではどちらが付録か分からない。『太平洋戦争史』でも二章を割いているフィリピンでの戦いにおける「マニラの悲劇」を抱き合わせることで、原爆攻撃と相殺させようとした意図は明らかである。

傍線部分をこうした背景を念頭に読むと、『長崎の鐘』を出版にまでこぎつけた関係者の労苦がしのばれる。原爆投下は「太平洋戦争史」における米国の最大の戦争犯罪であり、ぬぐうことのできない汚点である。

敗戦直後、「閉ざされた言語空間」で茫然《ぼうぜん》自失、なすすべもない日本国民に対して、本書の果たした効果は絶大であった。これは、歴史の喪失感と精神的武装解除をもたらした。あとは占領軍に導かれるままに「戦後民主主義」の中に没入していった。

教職追放された元教師の回想

江藤淳は「戦後日本の歴史記述の大部分が『太平洋戦争史』で規定されたパラダイムを依然として墨守し続けている」状況を天下の奇観と評している。冒頭紹介した二人の教師の作品は、こうした状況を背景に作られている。

次に、神奈川県史に記載されている教職追放された元教師の回想を紹介する。

「戦争は歴史にいまだかってない悲惨な結果を生み、私は極端な国家主義を鼓吹したということで、教壇から追放された。これを生き甲斐と考えた懸命の努力も、長い眼で見れば愚かなピエロの踊りに過ぎなかったわけである。……再び過ちを繰り返さないためにも、遠きを見通す見識を深い研究によって身につけたい。」

と述懐している。戦後、教師たちを苛《さいな》んだ「原罪」とでもいうべき戦争責任の意識がいかにして形成されたか、戦後史開封が進んで占領行政の実態が明らかにされるなかで、今のわれわれにはその目的、意図、カラクリがよく分かる。それにしても戦後五十五年、「遠きを見通す見識」によって、わが国の歴史と民族の再発見はいつ実現するのだろうか。

第二章　教職追放

ＧＨＱの第二教育指令

一九四五年（昭和二十年）十月三十日、ＧＨＱは第二教育指令として、「教員及び教育関係官の調査・除外・認可に関する件」（資料編四・２参照）を発し、軍国主義的及び極端な国家主義の積極的な鼓吹者の教育界からの罷免を指令した。

これを受けて文部省は「民主的、平和的国家の建設に欠かせない教育の戦後処理」として、半年後の一九四六年五月七日「教職員の除外、就職禁止及び復職の件」（勅令二六三号）を制定し、教職適格審査の機構・基準を示した。

この間、官公吏についてＧＨＱは、一九四六年一月四日「公務従事に適せざる者の公職よりの除去に関する件」を発し、政府は関連法令「就職禁止退官退職に関する件」により「公職追放」を実施した。

この当時、教職員は身分上、官公吏であり、同法の適用も受けたが、勅令二六三号による教職適格審査は、「公職追放」と比べると、全教職員を対象としていること、審査基準も詳細で厳格性が期されていたことなどから、具体化まで六ヵ月を要した。『戦後教育改革通史』（山本礼子著・平成五年刊）によれば、

「これは教師が教師を裁くというはじめての経験であった。総力戦下の教育理念や、皇民練成の実践に対する責任が問われる裁判であった。……しかし、教師が戦時中国民として当然の愛国心の発露として戦争に協力したことと、国民を積極的に戦争に駆り立てた戦争責任と何処で線引きをするかの問題であった。」

と指摘している。

このことについて「教育の民主化への一段階」と題する一九四六年（昭和二十一年）五月八日付の毎日の社説は、

「この際、第一に要請されることは、教職員に対する適否の審査があくまで公平、厳

正に行われるべきことである。この審査にあたって、多少でも感情をまじえたり、私情をさしはさむことは絶対に避けなければならない。また誰が侵略戦争を理論的に正当化しようとしたか、誰が単なる愛国心の立場から行動したか、これは教職員の適否を決定する基準的な一線であるからこの重要な一線の適用に当たって、審判者の側に立つ者は十分慎重であらねばならぬ。この用意を欠くと、裁く者と裁かれる者との間に妙な泥仕合が起こらぬとも限らない。」

混乱した教職適格審査

ここでは機構や基準の詳細は省き、実際に県段階での対応を報ずる新聞記事に語ってもらうことにする。

【埼玉新聞　昭和二十一年五月十九日】

教職追放　審査は三審制　地方視学官や教育課長にも

教職適格審査の具体策決まる

「県下五千名に及ぶ教職員適格審査は十六日文部省の教育部長会議でその具体的方案

が明らかにされた。右案によると適格審査機関の設置は県知事が行いこの機関により審査を受けるものは県内中等学校、国民学校、青年学校教職員と地方視学官及び市視学である。……審査委員のうち教員代表は大日本教育会本部の名において七名推薦するが、実際としては教育会埼玉支部で委員を選定することになる。各団体関係委員の選定は知事が県下各団体を指定し、指定された団体は自主的に委員を選定する。各団体から選定された委員は知事から正式に審査委員として委嘱を受ける。

審査方法

マ司令部から調査票が各校に配布されるが、一人三通ずつ提出したものを県で集めて審査委員会に提出する。そこで委員は書上審査を行う。審査会は設置者が開催するが委員長は互選とし、判定は無記名投票の過半数で決定する。同数の場合委員長の決定とし非公開である。

書面審査が終わると世論審査が行われる。これは投書、風評等により実情調査をし現場視察、物件、書類、申し出等を参考として審査委員会にかけ検討する。この適格、不適格は審査終了後、県知事・文部大臣に報告する。なお不適格と決定されたものも不服の場合は中央審査会へ再調査を申請することができる。

中央審査会の判決が不服の場合は文部大臣に申し出ることができる。この場合文部大臣が決定する。知事において審査会の判決が不服な時は中央審査会に申し出ることができる。かくの如く三審制を実施したことは教育の重要なることを認めたマ司令部の意向であって、軽率な判断が許されないからである。従って右の投書等は事実に基づき責任ある記名をし県教学課または知事宛てに報告するよう当局ではのぞんでいる。しかし注意を要することは戦時中の正当な愛国心の発露を戦犯と誤解せぬことで、国民の愛国心の範囲を越えた行為等明瞭な事実があった場合はどしどし報告されたいと。」

（新編埼玉県史資料編）

この二つの文書から、教職適格審査が戦後の混乱期、教育界に与えた衝撃が伝わってくる。まず、この審査を前に教員及び教育関係官吏の地位を辞職したものは十一万五千七百七十八名に及んだ。理由としては、

一、敗戦の責任をとって自ら職を辞した。

二、追放を予感して自ら責任をとった。

三、教育方針の急激な変化に耐えられず、自ら職を離れた。

四、申し合わせにより在職年数、地位等を基準として退職。

等であるが、この数は実際に実施一年間に「追放」された五千二百十一名と比べると極めて高く、審査総数の二〇パーセントに相当する。この結果、戦後教育界は専門職としての教師を大量に一気に失うことになった。

教職適格審査は機構及び基準をめぐって多くの府県で混乱が生じた。委員の推薦母体である大日本教育会に対して、占領軍の保護・育成もあって台頭してきた教員組合が異議を唱えた。一方、地方軍政部及び各府県に配置された軍政部のスタッフは多くが諜報関係者だったので、教員の中からの「戦犯狩り」には手段を選ばなかった。

各府県段階では、軍政部に対し、組合が積極的に協力し、具体的に追放すべき者の氏名を通報したり、審査委員の差し替えを行わせた。

投書による悪意に満ちた告発

引用した三つの文書の傍線部分について検討したい。

一、「これは教師が教師を裁くというはじめての経験であった。」

このことについて、昭和二十三年文部省審査関係法規研究会が著した『教職適格審査関係法規と解説』の「はしがき」で、相良唯一は「ひと呼んで教育裁判という。正《まさ》しく教職適格審査は一種の裁判に他ならない。裁判という以上、通常特定の職業的裁判官が裁判事務に関与するにも関わらず、この教育裁判にあってはそれに携わる人々は、そのような裁判事務に全く不慣れな一般の人々であることを常とした。」と述懐している。

二、「教師が戦時中国民として当然の愛国心の発露として戦争に協力したことと、国民を積極的に戦争に駆り立てた戦争責任と何処で線引きをするかの問題であった。」

毎日の社説も「誰が侵略戦争を理論的に正当化しようとしたか、誰が単なる愛国心の立場から行動したか、これは教職員の適否の基準的な一線であるからこの重要な一線の適用にあたって、審判者の側に立つ者は十分慎重であらねばならぬ。この用意を欠くと、裁く者と裁かれる者との間に妙な泥仕合が起こらぬとも限らない。」と述べている。

総力戦の近代戦争、なかんずく大東亜戦争という開闢《かいびゃく》以来の国難にあたって、あらゆる分野でそれこそ命懸けで頑張るのは当時の日本人として当然の行為だった。「線引き」とか「重要な一線」を七十万人の個々の教師に適用することなど実際には不可能であった。さらに、不適格者として審査判定を受ける者の範囲に「軍国主義あるいは極端な国家主義を鼓吹した者、またはそのような傾向に迎合して、教育者としての思想的節操を欠くにいたった者」という項があり、これが拡大解釈と恣意《しい》的な判断を生む原因となった。

ＧＨＱがあえてこれを行わせた真の目的は、教職員同士互いに告発させることで「泥仕合」を演じさせ、教育界を分断することにあった。現場の校長・管理職と教職員との間にぬぐうことのできない対立と不信が生じ、これは今日なお教育現場の問題状況の一つとなっている。前述の教職員の大量の辞職もこの「線引き」の曖昧《あいまい》さへの恐れであったと思う。

三、「書面審査が終わると世論審査が行われる。これは投書、風評等により実情調査をし現場視察、物件、書類、申し出等を参考として審査委員会にかけ検討する。」

この方針について、奈良日々新聞（昭和二十二年一月九日）の記事が端的に物語っている。

「教職にあるのみならず広く県民のより多くの声をきくために、審査委員会または奈良軍政部宛てに記名無記名いずれを選ばず真実公正な資料の提出を一月末日までにお願いいたします。各位はよく審査委員会の趣旨認識せられ審査のよりよき方法にご協力下さい。……わずか十三人の委員が、県下五千人の教員について得心のいく断定を下すために十分な審査根拠を得ることは不可能といってよいのです。県下の校長及び教職員中何人《なんぴと》が軍国主義的または超国家主義的であるかを知る者は奈良県民の一般諸君であるはずであります。だから、もし県民諸君が何人を不適格とすべきかという知識情報をこの審査に提供してくれなければこれらの不適格者を除去することができません。……諸君にしてご通知の労をとって下さらないなら、諸君は民主主義国民としての義務を十分果しているとは申されません。」

（阿部彰著『地方教育制度成立過程の研究』昭和五十八年刊）

各府県段階の審査の実態はこの記事の報ずるような状態だった。軍政部教育担当官の姿勢によって状況は異なり、不適格者も奈良をはじめ数県において比率が高くなっている。神奈川軍政部のマクマナス教育課長は「投書に基づき個人名をあげて審査を指示したり国民学校を回って審査未了者とか軍国主義者を拾いだしてきた。さらに学校訪問で生徒をつかまえて、殴った先生の名前を聞き出し軍国主義者だから追放しろと指示した。……ささいなアラ（神社でＰＴＡの会合、宮相撲に子ども参加、反故紙の中に修身教科書発見）をあばき立てた。」（鈴木重信著『教職適格審査とマクマナス旋風』『マクマナスの指導』）という。

これらの言動から、神奈川県教育界は「マクマナス旋風」と呼んでその傍若無人ぶりを語り伝えている。これは神奈川県が例外だったのではなく、各府県においても吹き荒れた多くのエピソードを残している。

ＧＨＱ／ＣＩＥは、審査に関する投書には「悪意に満ちた告発」が多く、これが採用された場合でも裏付け調査に膨大な時間を要するとして慎重な立場だったが、地方においては不適格者の数を競う傾向があった。

前記山本論文によると「投書は小学生、中学生、師範学校、大学の学生・卒業生、父兄等が書いたもの、校長に抑圧されていた教師が校長を告発したものがあった。しかし、軍国主義・超国家主義の解釈は恣意的な傾向を免れなかった。体罰、独裁、専制、権力を濫用《らんよう》しての食糧調達も追放理由になり、また非民主的、軍国主義的であるとして弾劾した場合も証拠に乏しかった。投書は弾劾・告発ばかりでなく審査委員会の審査結果を非難したもの、恩師の追放に異議を唱えるものもあった」という。

一般に各県当局者は「誰もが戦争に関係したのだから同胞が同胞を裁くことを極力さける」との立場からこの事態を乗り切ろうとした。

教職適格審査の事例

いくつかの事例を前掲阿部の著書から引用する。

「審査について軍政部の意向に従わねばならず（救済を行うのに）中々苦労した。軍政部は資料（投書）を押さえていた。やむを得ず不合格にした外は、誰が見てもという極端な外は皆合格とした。」

（新潟県教育委員会十五年の歩み）

「委員会としてはできるだけ緩く審査し不適格者を出さないように苦労したが、軍政部が（投書に基づき）絶対に譲らず涙をのんで多くの同僚に教壇から去ってもらわなければならなかった。」

（岡山県教育史続編）

「犠牲をでき得る限り出すまいとチームワークを組み、審査委員会の動きを見守った。大量の不適格者が出るのを軍政部は期待していたが少しも出なかったので改組命令が出された。追放ゼロでは押し通せず最も妥当で生活も比較的安定と見られた二名（青年学校教諭）を該当者とし、改組を免れた。この両名こそ本県の教職審査の全面やり直しの危機を救った人として忘れてはならない人々である。」

（月刊やまがた八巻十号）

「委員長はじめ各委員が本県の実情を深く洞察し、教育再建を念願し、さらに教師一人一人に理解と同情をもってこのむつかしい審査の仕事にあたった。（追放者が少数に止まったのは）委員長の人徳によってカルバートソン教育官との信頼関係が保たれたからであろう。」

（徳島教育三三四号）

「不適格者が極めて少なかったことは、本県の教員適格審査委員会が極めて慎重に且つ公正に事にあたったことを示すもので全国まれに見るところであった。これは委員長をはじめとする委員の人格識見の表れでありとくに委員長は軍政部関係者に日本の国情と国家機構の特色を説述して理解を求め、米国民の思惟《しゆい》するほどの軍国主義者や超国家主義者は教育者にはいない事を強調した。」

（群馬中学校長会『中学校十年の歩み』）

各県軍政部は民意を聞くためとして投書するよう求めたが、実態は被占領国民に密告を奨励していたのである。一面「新教育」の到来としてもてはやされたこの時期、教育界は陰湿な報復・密告が横行していた。敗戦国の悲哀を感ぜざるを得ない。

この時期の在職者の多くはこの問題に触れたがらない。戦後教育の出発点で占領軍に迎合・協力した思いが口を重くしているのではないかと思う。
冒頭紹介した『ある教師の昭和史』の著者も、教育界を震撼《しんかん》させ多くの後遺症を残したこの問題については、なぜか一行も触れていない。

左翼勢力の対応

四、ここでは審査委員について、当時結成された教育労働組合の主張を紹介する。

【追放は誰がするのか？　Kyoiku-Rodo　昭和二二・五・一八】

「……さて追放令に『校長、学校管理者等の中から四人』『教員の中から大日本教育会が推薦した者六人』ときた。……だが、一体誰が誰を追放すべきなのか、戦争も大儲けの手段として昭和六年以来人民を駆り立てた大地主、財閥、それの手代としての軍閥、官僚及び教師それが追放されるべきものなのであり、追放するのは民主主義をもり立てるべしと世界と与論に支持されている人民なのである。……重ねていうが追放令は財閥、大地主の手から教育を取り上げ、これらを人民の手に戻すためにこそされるべきである。ところが文部省は正に自分の手から抜け出ようとしている教育をこれら財閥・大地主の手に確保するためにそれを利用しようとしているのである。……あくまで主導権を財閥・大地主・官僚の側に確保するために自主的な人民の組織を意識的にボイコットしている。最大の被害者である学生、生徒を委員に入れないのは何処に理由があるか、組織された父兄としての労働者を入れないのは何故か？いわんや反動的な産業組織である大日本教育会をひっかけないばかりかこれに審査委員の推薦をさせようという陰謀的猿芝居はまさに驚くべきことといわなければならない。

教職適格審査は人民がやるべきものである。従ってその主導権は組織された人民即ち先ず第一に各地の教員組合、学生、生徒自治委員会、各種労働組合、民主主義文化団体によって行われるべきものである。」

昭和二十一年五月七日公布された教職適格審査委員会の構成に対し、全教・東教（教員組合）は連名で反対声明を発表した。

「……審査委員の資格こそが先ずなによりも先に審査されねばならぬ。これは明らかに文部省内の戦犯的存在が保守反動勢力との巧みな結びつきによって自らの罪過を隠蔽せんとする謀略の現れである。該案の実施によっては教育の徹底的粛清は望むべくもなく、かえって他日反民主主義的分子の温存を図る結果を来すことは必然である。我々は該案の欺瞞《ぎまん》性を徹底的に批判で対決するとともに全国四十万教員の名において、即時その破棄を要求する。戦犯人の追放による教育界の真の粛清は民主的なる政党、労組、農組、文化団体とりわけ教育労働組合の積極的参加と協力なしには不可能なことを銘記すべきである。」

当時の「教育労働組合」は、連合国が日本の解体を進める占領政策を推進するためにとった民主化を「人民の解放」措置と受け止めた。しかし、ＧＨＱ／ＣＩＥは、地方段階は別として、中央においては教職適格審査への教組の介入を認めてはいなかった。これらの新聞記事や声明からは、彼らが審査委員会を「人民裁判」と位置づけていたことが分かる。さらに、左翼勢力は日本の革命が間近だとの実感を持ってこの「裁判」を行おうとしていたことは明らかである。

教職適格審査は審査体制を整え、各府県段階で昭和二十一年六月から翌年四月に至る時期に、約七十万人の全教職員、教育関係官公吏一人一人を対象とする審査を行った。

この間、前述したごとく十一万五千七百七十八名が自ら職を辞し、審査総数は五十六万八千二百二十八名で、このうち不適格者は五千二百十一名（自動的に不適格とされた者二千九百四十三名、審査によって不適格とされた者二千二百六十八名）で、これは審査総数のほぼ一パーセントだった。

以後、教職適格審査は現職者から新任者の審査、新たに審査対象とされた公民館長、教育委員の審査が昭和二十六年まで行われ、委員会の規模の縮小、不適格とされた者の救済等が行われた。以降、不適格審査基準の緩和措置が行われ、昭和二十七年独立回復により全員の追放解除が行われた。

戦後の学制改革によって、義務教育年限が十二年となり教員の需要は激増した。わが国の教育にとって、この時期十一万五千余名の資格を有する教師を失ったことは取り返しのつかない損失だった。以後「金の草鞋《わらじ》」で教師を探すという社会現象が起きた。これは破壊された校舎などの教育条件の不備とともに必然的に教育の質の低下をもたらした。さらに前述したように、左翼勢力による教育支配を容易にする要因ともなり、日教組結成への追い風ともなった。

第三章『新教育』誕生

一、新教育指針

教師のあこがれ「新教育指針」とは

「そのころ、友人のひとりがあそびにきて『新教育指針』というものをみせてくれて、わたしはその内容に目をとおしてびっくりしました。『はしがき』にこうかいてありました。『この指針は、教育者におしつけるものではない、教科書としておぼえる必要もなく、これを手がかりとして、自由に考え、批判しつつ、自ら新教育の目あてをとらえ、重点と方法を工夫し……教育者が自主的に、自ら考える』などとあって、ながくとじこめられていた日本の教師の、あこがれ、ひそかに期待していたものが、ことばを獲得してぱっと日の光のなかにおどりだしたようなまぶしい感動をもちました。

わたしのなかに、学校へかえりたい、学校へかえってあれもこれもやりなおしたいという欲求が、つよく波うってくるのをおぼえました。」

（荻野末著『ある教師の昭和史』より）

米国教育使節団の派遣

ＧＨＱはいわゆる「四大教育指令」（資料編四参照）として、まず昭和二十年十月二十二日に「日本教育制度に対する管理政策」を、次いで十月三十日に「教職追放指令」を発して日本の教育改革の枠組をつくったが、さらに教育改革を具体化するためにマッカーサー連合軍最高司令官は米本国陸軍省に「教育使節団」の派遣を要請した。使節団の団長はニューヨーク州教育長官ジョージ・Ｄ・ストッダード博士で、総勢二十七名である。文部省はこの使節団に対応すべく、東京帝大総長南原繁を委員長とする総勢二十九人の「日本側教育家委員会」を組織した。

「使節団報告書」の前書きはこう述べている。

「本年の一月の初めに連合軍最高司令官は、日本の教育に関する諸問題につき総司令部並びに日本の教育者たちに助言を与えかつ協議するために二十名余りの米国の教育者の一団を一ヵ月間日本に送ってもらいたいと陸軍省に要求した。長期間にわたって日本を再教育して、その方向を向け直すような計画を立てる責任があるということについて、当時ワシントンで議論が交わされていたので、陸軍省はその団員の最終的人選を国務省に頼んだ。個人の資格その他広い範囲にわたって種々な点を考えた末、さらに総司令部の意向も十分取り入れて、二十七名の一団が選ばれ、ジョージ・D・ストッダード博士（ニューヨーク州教育長官）が団長に任命された。」

さらに序論において、

「我々は歴史的な重大時期に厳粛な気持ちを抱いて来朝したのである。我々は、征服者の精神をもって来たのではなく、すべての人間には、自由を求めさらに個人的並びに社会的発展を求める計り知れない力がひそんでいることを確信する教育経験者として来朝したのである。……我々は日本滞在中、我々に助言を与えるために十分準備のできている人々を求め、かつ彼らから学んだ。我々は彼ら自身教育者であるところの民間情報教育部（GHQ／CIE）の米軍係官から大いに得るところがあった。我々はまた文部省の職員から、また種々の経験内容をもつ日本の教育者、並びに一般人から、ことに使節団に対して特に協力すべく任命された委員会（日本教育家委員会、後に教育刷新委員会となる）から、入手し得る限りの知識を得た。」

と述べている。

このうち、後段の傍線部分の委員会は「日本教育家ノ委員会ニ関スル件」として、GHQのD・H・アレン名で「教育使節団ノ仕事ヲ容易ナラシメ且ツ使節団ノ研究ト発見ニヨリ日本ノ教育制度ガ最大限ノ利益ヲ享《ウ》ケンガ為ニ左ノ提案ヲ為ス」として十項目の指令を発した。この中で、

⑴文部省が二十名前後の委員を選任すること

⑵委員の資格、教授及び教育行政の各分野の代表

⑶異なる程度と種類の各教育機関の代表

⑷委員会は日本の教育の革新について文部省に建言する常任委員会であるべきこと

等がのべられている。

委員は南原繁（委員長・東京帝大総長）、天野貞祐、小宮豊隆、務台理作、田中耕太郎、山崎匡輔、柳宗悦ら二十九人からなっていた。

二月、「日本教育家委員会」は報告書を発表した。

(1)教育勅語に関する意見
(2)教権確立に関する意見
(3)学校体系に関する意見
(4)教員協会または教育者連盟に関する意見
(5)教育方法問題に関する意見
(6)国語国字問題に関する意見

等からなり、米国教育使節団報告書の主題とほぼ対応するものとなっている。文部時報八二七号の記録から、この両者の関係がいかなるものであったかをうかがうことができる。

勝てば官軍、負くればこれ賊

三月八日、米国教育使節団と日本教育家委員会の初会合が華族会館で開かれたが、GHQ／CIEは日本側に対し「裏門から入れ」と命令したとされている。さらに壇上の幹部をムチで指しながら機構の説明を行い、まるでさらし者同然の扱いであったという。しかし、この後の安倍能成《あべよししげ》文部大臣の挨拶は後世の語りぐさとなっている。

「日本には『勝てば官軍、負くればこれ賊』という諺《ことわざ》があります。勝者の為《な》すところは何事も善とされ、敗者の為すところは何事も何事もみな主張され得ない、即ちこれは最も通俗な意味において、Might is Right の主張であります。勝った連合国に対して武力なき日本は唯《ただ》屈伏してその命ずるところに従う外はないという考え方であります。また他方戦争中、軍国主義の圧迫を受けた自由主義者たちは、連合国を自分たちの救世主のごとくに考え、自分たちの春が俄《にわか》に来たかの如き錯覚に陥り、わが国が降伏国なることを忘れてわが国の将来が連合国の助力によって安易に開かれるかの如く考えました。……各位のお察しの如く戦敗国たり戦敗国民たることは、苦しい試練であり、困難な課題ではありますが、同時に敢《あ》えて失礼を申すれば、よき戦勝国たり戦勝国民たることも中々困難であります。われわれは戦敗国として卑屈ならざらんことを欲するとともに、貴国が戦勝国として無用に驕慢《きょうまん》ならざるを信ずる者であります。……戦後のわが国の社会生活、政治生活、経済生活の基調、従ってこれが根幹となるべき教育の基調が民主主義にある所以《ゆえん》は、それが単にアメリカによって強要されたるが故でなく、それが天地の公道に根ざし、人間性の本質に基づくからだと信じます。国民的迷信殊に極端な国家主義的政策に基づいて拵《こしら》えられた虚構の歴史や神話の非学問的解釈の如きが排斥さるべきは勿論でありますが、国民の中に生きている伝統の特異性は尊重せられねばなりません。この意味においてアメリカ的見地をもって簡単に日本にのぞむことのないように願います。……アメリカは戦勝国として日本に対して言わば何事をもなし得る便宜を持っておられます。この位置がアメリカ的或いは西洋的特殊性を簡単に日本に強制するに至らざらんことを期待するのは決して不遜《ふそん》な願いではないと信じます。しかもこれは失礼ですが戦勝国民が無意識的意識的に犯しやすい過失でありまして、かくしては日本の地についた日本人を真底から動かす本当の教育もできず、また文化も成長しがたいと思うのであります。……」

この演説は日米両国の教育者に感動を与えた。もし、この演説の内容を出発点として以後の教育改革の取り組みが進行していたとすれば、戦後教育はもっと様相を異にしたものになっていたと思う。ＧＨＱ／ＣＩＥは勝者の立場から驕慢《きょうまん》になり、わが国は敗者の立場から卑屈になり「無理」を通された。この関係が今日、わが国の教育問題として禍根を残している。

安倍・ダイク会談

これより先、安倍文相は就任後、ＣＩＥを訪問しダイク局長、ニュージェント中佐と会見している。二度にわたる会見のうち、以後、日米間で問題となった点を抄録する。

安　倍　私は率直に申し上げる。私は日本が敗戦国であることを認める。また米国がその戦勝国たるをもって敢えて真理と正義とを侵そうとするものでないことを信ずる。従ってその範囲内において私は自分の主張すべきことは主張するつもりだが、何卒これを諒とせられたい。

ダイク　意見の相違のあるのは当然で好ましいものである。……私と意見の違う時には何時《いつ》でも率直に言って頂きたい。

安　倍　今まで日本の役人は司令部からの命令に対し実行不可能なことまで引き受けてしまい、後でこれを履行できずにお叱りを被ることが多かったようであるが、私は最初からできないと思われることはできないとそのまま申し上げるつもりである。
……また司令部からの指令には、時には日本の事情を十分認識していないものもあり、また認識しておられてもこれを無視せねばならぬようなこともあると思う。いずれにしても常にこちら側の立場をも率直に申し上げるようにしたい。
ダイク　貴国の立場を理解し得るようなるべく指令も予《あらかじ》め申し上げてその妥当性を共によく吟味した上で発するようにしたいと思っている。貴下も私と協議したいと思われることがあったら何時でもお出で頂きたい。
安　倍　日本歴史について一言申し上げたい。日本歴史は書き改められねばならない。しかし、曾《かつ》てわが国に共産主義が入って来たとき、共産主義の見地から日本歴史が書き換えられたが、それは真実から離れること遠いものであった。いま、もし民主主義の立場からのみ日本歴史を書き換えるなら、これも再び歪められたものができるであろう。故に歴史の問題は慎重に扱わるべきである。
ニュージェント　日本歴史は共産主義的見地からも民主主義的見地からも書かるべきではない。唯、歴史的真実のみを基準として書かるべきである。
ダイク　貴下の今日の率直なるお態度から考えると今後も常に御信念を率直に言って

下さるものと信ずる。私もまたすべて率直に申し上げるつもりである。我々はきっとうまくやっていけることと思う。

（文部時報八二六号）

この会見の結果、ダイク局長は安倍文相の姿勢に好感を抱き、以後の会見において、教育の本質的な問題について突っ込んだ意見交換を行っている。これについては神谷美恵子著作集『遍歴』から引用する。

ダイク 我々は教育勅語について話していたのだが、それに関して貴下やニュージェント中佐、ヘンダスン中佐などの意見も聞き、いかなる内容を盛りたいか、大体の方針を決めたい。

安　倍 新しい教育勅語とはどういうことをお考えなのか。

ダイク 教育勅語としては、すでに明治大帝のものがあり、これは偉大な文書であると思うが、軍国主義者たちはこれを誤用した。また彼らに誤用されるような点がこの勅語にはある。たとえば「之ヲ中外ニ施シテモトラス」という句のように、日本の影響を世界に及ぼす、というような箇所をもって神道を世界に宣伝するというように、あやまり伝えた。このように古い文書は誤った解釈が行われやすく、現代日本の直面する問題に対する適切な解釈を与えるには不十分である。……だれにでもわかるような文体で新しい教育勅語を書き、この再教育のための情緒的跳躍台 emotional spring board となるようなものにしたい。

安倍　だれにでもわかるような文体で新しい教育勅語を出そうというお考えには賛成である。やさしい文体の勅語として、「軍人に賜りたる勅語」というのがある。

しかし現存の教育勅語は偉大な文書でありそれ自身としての価値が大きいから、たとえ新しい勅語を出すとしても、以前の教育勅語も保存したいと思う。仰せの「之ヲ中外ニ施シテモトラス」という箇所は、真意は決してそのようなものではないし、また「一旦緩急アレハ」というような言葉は、戦争を意味するものと、とられがちであるが、しかし現在の日本としては、もはや戦争というものは考えられぬことであり、また一方では自ら戦争せずとも、他から挑発されるようなこともありうる。また戦争でなくとも、現在の食糧事情のような困難を意味するともとれる。「天壌無窮ノ皇運ヲ扶翼スヘシ」は問題になりうる。しかしこの勅語は単に若い人にあてられただけでなく、成人のためにも書かれており、いろいろな意味で保存する価値があると思う。

ダイク　明治大帝の勅語を保存することに対しては何の異存もない。米国においてもリンカーンの書いたものやワシントンの独立宣言のような文書は、いまだに読まれている。故に古い教育勅語を訂正するという問題ではない。また新しい勅語の中で古い勅語に言及してもよいと思う。……精神的混沌の中にある日本人に精神的指導を与えるためには、勅語によるのが一番効果的であると思う。何故なら天皇は他の何人も果たしえないような役割を果たしうるからである。それゆえ、もし六十日くらいの間に新しい勅語を出すことができれば甚だ結構だと思う。

安　倍　……勅語というものは重要なものであり、恒久的な意味をもつものであるからそう早くはできない。……

ダイク　……私は勅語というものを、なにもそう恒久的なものと考えなくてもいいと思っている。必要なら年に何回出してもいいではないか。……

安　倍　内容については、どんなことをお考えか。もちろん仰せのことを必ずしも全部採用しうるとは思わないが。

ダイク　もちろんわれわれは内容を命令するつもりはないが、しかし勅語の如き重要な文書の内容については、十分検閲するつもりである。

安　倍　勅語とは簡単に国民に、その向かうべき大本の方向を示すものである。

ダイク　もし内容がそれを必要とするならば読むのに二十分かかるものであってもいいではないか。

安　倍　しかし効果からいっても、あまり長いのは好ましくない。要は長すぎず、短すぎず、丁度内容に必要なだけを表現することである。

ダイク　貴下は勅語について何をお考えか。

安　倍　……真に愛国的であるためには、人は国際的であらねばならぬということである。国は孤立しては存在し得ぬ、ということである。

ダイク　この勅語の件を実現させるには、どういうような手順を踏んだらいいだろうか。

安　倍　まず私が草案を書いて数人の人に見せて相談し、また宮内省や陛下の側近の人にも意見を聞く。……普通の文書のように簡単にはゆかぬと思う。

ダイク　一ヵ月後には帰ってくるつもりだからその頃までにこの新勅語が生まれんとするくらいになっていればよいと思う。

安　倍　先日依頼されてニュース映画で話をした。日本が敗戦国である事実を述べ戦後急激に合理主義的な考え方が盛んになり、ともすれば今までの過去はすべて無価値、無意味なことのように考えるむきが多くなった。然し、理性一点張りでは決して歴史的現象は把握できない。……

神話と歴史は混同されてはならないが、神話もまた存在理由がある。どの国でも古代は神話につつまれているのが常であり、日本の国もまた、たとえ二千六百年ではないまでも、非常に古い国であることはたしかであろう。また皇室を中心としてきたこともたしかである。ゆえにその意味で紀元節を記念し、さらに新しい日本の建設という意味で、この日を祝うべきであると述べた。

ダイク しかし、過去にあまり重きを置くよりも、現在及び未来に重点を置く方がよい。

安　倍 しかし日本人は現在、ともすれば過去はすべて無意味であるとしがちである。それを是正したい。過去を偲ぶことによってよりよき未来を築く契機としたいと思う。

ダイク 日本の過去には、たしかに恥ずべきことよりも、誇るべきことが多いと思う。日本の過去のよいものを保存する必要はある。

安　倍 合理主義のつきつめる危険は、フランス革命の恐怖政治がよくあらわしている。

ダイク 然り、合理主義のみよしとすれば宗教も存在し得なくなる。宗教というものが国民生活に必要であるという考えでは、あなたも私も一致していると思う。

安　倍 こういう話をご存じであろう。フランス革命後、あらゆる偶像をこわせといって、すべての宗教を破壊し、理性を崇めることにした。ところが礼拝の対象がないので、女の像を持ってきて、これに礼拝したという。

紀元節の歌の第三節及び第四節に、いけない箇所があるというが。

ダイク あれは最初いけないと言ったが今年はいいことにした。（以下略）

ＧＨＱの基本姿勢

ここで論議されたテーマは、以後の「新教育指針」「教育基本法」及び教育勅語問題等、重要な内容を含んでいる。この時点でのＧＨＱの基本的な姿勢を示すものとして興味深い。

第一点は、この時期における日米の交渉関係についてである。ＧＨＱ内部での対立が時を経て方針の変更を伴うことがあったが、基本的には降伏文書調印直後のトルーマン大統領のマッカーサー最高司令官に対する指令に基づいている（昭和二十年九月六日）。すな

わち、

「天皇及び日本政府の国家統治の権限は、連合軍最高司令官としての貴官に隷属する。……我々と日本との関係は契約的基礎の上に立っているのではなく、無条件降伏を基礎とするものである。……貴官は日本側からの如何なる異論も受け付けてはならない。」

この基本的姿勢は占領期間を通じて貫かれた。こうした条件の下での安倍文相の交渉姿勢には悲壮感すら感じられる。

第二点は、歴史認識に関するやりとりである。大正期以降、わが国にも共産主義の影響が及び、唯物史観に基づく歴史記述が行われ議論を呼んだ。戦後、この史観が時を得て復活し主流をなす勢いであった。こうした時代背景において、安倍文相がＧＨＱに対しても歴史観について共産主義と同調すべきではないことを述べたのではないかと思う。後段においてフランス革命の評価に触れているが、近代合理主義の理性による支配が結果として恐怖政治をもたらした歴史の教訓から、史実に基づく記述の重要性を述べている。だれもが否定できない普遍的な原理、歴史的事実を踏まえて、占領軍と対峙《たいじ》した態度は見事である。

第三点は、教育勅語をめぐるものである。GHQ内部において、教育勅語の存廃、新勅語の発布、教育基本法の制定等の方針をめぐってせめぎ合いがあった。

CIEダイク局長の述べた新勅語は安倍文相の草案ではなく「京都勅語」(資料編七参照)として残っている。米第六軍軍政部J・J・シーフェリン海軍中佐がダイク局長の意向を受けて、当時、同志社大学神学科主任であった有賀鉄太郎に依頼し、有賀は「大東亜戦後ノ教育ニ関シテ下シ給ヘル勅語」を起草した。

第四点は、神話と史実に関するものである。今日なお神話と史実をめぐる論争が歴史教科書の編纂に関して行われている。この時の安倍文相の「古代史は神話につつまれている」との指摘は、長い歴史をもつ各国において明らかである。しかし、GHQ/CIEは戦後最初のわが国の歴史『くにのあゆみ』編纂について神話の排除を強要した。CIE教育課長補佐J・C・トレーナーと執筆者豊田武との神話記述を巡る激論は後世語りぐさとなった。結果として豊田は更迭され、後に教科書裁判で有名になった家永三郎が後任の執筆者となった。(しかし、『くにのあゆみ』は当時、左翼(後に家永教科書訴訟を支援した」からは天皇中心の史観として厳しく批判された。）

戦後教育史の中心テーマともいうべき事柄について、安倍文相は必死に抵抗した。彼の言葉は現代においてなお新鮮である。このことは、現在においてなお占領期の状況を清算しきれていないということでもある。

占領期とはいえ、文部省は何故この精神を踏襲し得なかったのか。「新教育指針」「教育基本法」の制定へと続くGHQ／CIEによる占領教育行政は、左翼勢力をも利用しつつ、わが国の教育体制を根底から覆していった。

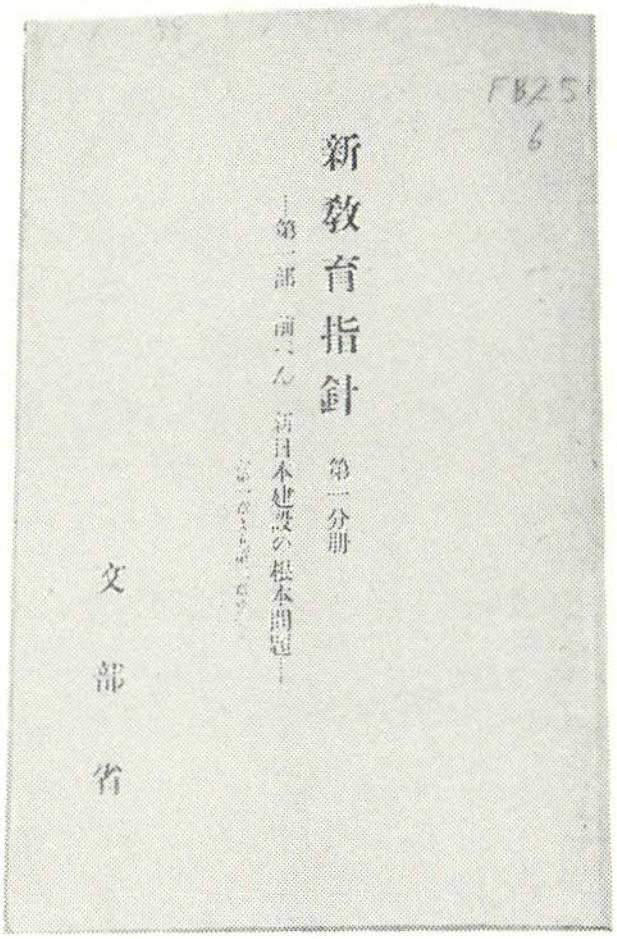

文部省編『新教育指針』

文部省編『新教育指針』

GHQが教育使節団報告書を公表した一ヵ月後の昭和二十一年五月十五日、文部省編『新教育指針』第一分冊が刊行され、四十三万六千部が学校に配布された。

この章の冒頭紹介した荻野末の言葉「日本の教師のあこがれ、ひそかに期待していたものが、ことばを獲得してぱっと日の光のなかにおどりだしたようなまぶしい感動」を与えたこの『指針』の「はしがき」には次のように書かれている。

「……第一部前ぺんでは、新日本建設のために何が必要であるかを論じ、それとの結びつきにおいて新教育のめあてとすべきことがらを述べ、後へんでは、それにもとづいて、これからの教育がとくに力をそそぐべき重点をあげて説明した。……第一部は新教育の理論を述べ、第二部はその実際を取り扱ったもの……

国民の再教育によって、新しい日本を、民主的な、平和的な、文化国家として建てなおすことは、日本の教育者自身が進んではたすべきつとめである。マッカーサー司令部の政策も、この線にそって行われており、とくに教育に関する四つの指令は、日本の新教育のありかたをきめる上に、きわめて大切なものである。本書の内容はこれらの指令と深い結びつきをもって記されている。……

本書は、ここに盛られている内容を、教育者におしつけようとするものではない。したがって教育者はこれを教科書としておぼえこむ必要もなく、また生徒に教科書として教える必要もない。むしろ教育者が、これを手がかりとして、自由に考え、批判しつつ、自ら新教育のめあてを見出し、重点をとらえ、方法を工夫せられることを期待する。……教育者自身のこうした自主的な、協力的な態度こそ、民主教育を建設する土台となるのである。……

本書は、はじめ省外の権威者数氏をわずらわして草案を得たのであるが、マッカーサー司令部と相談の結果、その内容及び表現を、できるだけ、やさしくわかりやすいものとするために、省内で書きあらため、本省の責任において出すことにした。……最初に貴重な草案を寄せられた各位に対し深く感謝するとともに、その大部分が全くかわった形で出されたことにつき、承認をこう次第である。」

荻野末は自由主義的教育方法について手放しで喜んだが、ここに示された教育内容については触れていない。

この『指針』は、四大教育指令と教育使節団報告書をベースに書かれた。従って「省外の権威者数氏」の草案は「その大部分が全く変わった形」になったのである。CIEダイク局長の承認なしには、「民主教育」の指針は教師の手には渡らなかったはずである。「とくに教育に関する四つの指令は、日本の新教育のありかたをきめる上に、きわめて大切」

として、巻末に四つの指令を付録として付けている（資料編四参照）。『指針』の巻末にある参考資料にはさらに『太平洋戦争史』も掲げられている。

『新教育指針』の意図

『指針』前編「新日本建設の根本問題」のうち、第一章「序論－日本の現状と国民の反省」の項に「指針」の意図が集約されており、今日の問題点とも関連させながら紹介する。

一、日本は今どんな状態にあるか

「三年あまりにわたるはげしい戦争に、われわれは全力をあげて戦ったが、ついに敗れた。そして政府がポツダム宣言を受け入れ、連合国の要求するままにまかせることによって、日本はこれまで経験したことのない状態におかれることになった。……」

として、①日本軍隊の武装解除・解体②戦争犯罪人の裁判③軍国主義者・極端な国家主義者の公職追放等の措置が行われると述べている。さらに、

「ポツダム宣言は、日本国民の間に、民主主義的傾向が起り、強くなっていくことを命じている。そしてこれを妨げる旧い慣習や制度が取り除かれ、言論・信教・思想の自由並びに生命・身体・財産の保護というような大切な権利が重んぜらるべきことを要求している。このようにして封建的な日本は民主主義的な日本に建て直されつつあるのである。」

二、どうしてこのような状態になったのか

「指導者たちが過ちをおかしたのは、日本の国家の制度や社会の組織にいろいろの欠点があり、さらに日本人の物の考え方そのものに多くの弱点があるからである。国民全体がこの点を深く反省する必要がある。とくに教育者としてはこれをはっきり知っておかなくてはならない。我々は次にこれらの欠点、弱点をあげてみよう。」

傍線部分のうち、指導者たちが過ちをおかしたのは、国家の制度、社会組織、日本人のものの考え方に弱点があるからとしている。これでは、ポツダム宣言によって軍国主義者や極端な国家主義者を排除しただけではダメということになり、国民全体が反省しなければばならないということになった。まさに「一億総懺悔《ざんげ》」である。

日本人の欠点・弱点を強調

「指針」では五項目にわたって日本人の欠点・弱点を挙げている。以下紹介する内容を読めば、安倍文相が必死で守ろうとした日本の歴史・伝統・文化など、民族の誇りがいかに貶《おとし》められたかが明らかになる。教師たちに負わされた最初の任務は、この「指針」を踏まえて「民主教育」を実践することだった。

一、日本はまだ十分に新しくなりきれず旧いものがのこっている

「一方では近代文化を取り入れて進歩した生活をしながら、他方には旧くからの、封建的といわれるような生活がのこっている。例えば電灯やガスを使い、ラジオを聞いていながら、姑が嫁を不当に苦しめたり、主人が女中を道具のように取り扱ったりする家もある。工場では機械の力によって大仕掛けの生産をしているが、そこで働いている工員たちまで機械のように使われていることが多い。自動車が走っている道路の片隅で、手相を占ってもらう人々もいるのである。」

傍線部分が日本人固有の欠点や弱点の事例として挙げられているが、噴飯ものとしか言いようがない。現代アメリカにおいてもテレビや新聞には占いのコーナーがある。このような事例から導き出される結論として、日本文化を西洋文化と同じ高さに達したと思い込んで日本人は戦争を引き起こしたとしているのである。

二、日本国民は人間性・人格・個性を十分に尊重しない

「これまでの日本国民には、このような人間性・人格・個性を尊重することが欠けていた。例えば封建時代において、将軍とそれに治められている藩主、藩主とそれに仕える家来としての武士、武士とその下にいる百姓町人、というように、上から下への関係が厳しく守られていた。……このような封建的な関係は近代の社会にも残っている。例えば役人と民衆、地主と小作人、資本家と労働者との関係が主人と召使のように考えられ、大多数の国民は召使と同様に人間性を抑え、歪められ、人格を軽んじられ、個性を無視されることが多いのである。」

この項の例示もナンセンスとしか言いようがないが、ここも結論は、この日本人の弱点が利用されて戦争を引き起こしたことになっている。

三、日本国民は、批判的精神に乏しく権威に盲従しやすい

「上の者が権威をもって服従を強制し、下の者が批判の力を欠いて訳も分からずに従うならば、それは封建的悪徳となる。事実上、日本国民は長い間の封建制度に災いせられて、『長いものには巻かれろ』という屈従的態度に慣らされてきた。いわゆる『官尊民卑』の風がゆきわたり、役人は偉いもの、民衆は愚かなものと考えられるようになった……しかもそれは自由な意思による、心からの服従ではないので、裏面では政府を非難し、自分ひとりの利益を追い求める者が多い。このような態度があったればこそ、無意味な戦争の起こるのを防ぐことができず、また戦争が起こっても政府と国民との真の協力並びに国民全体の団結ができなかったのである。」

これは既述の『太平洋戦争史』でも用いられた論法で、政府と国民の離間を図り、わが国の総力戦の実相を歪めている。

四、日本国民は合理的精神に乏しく科学的水準が低い

「批判的精神に欠け、権威に盲従しやすい国民にあっては、物事を道理に合わせて考える力、すなわち合理的精神に乏しく、従って科学的なはたらきが弱い。……例えばこれまでの国史の教科書には、神が国土や山川草木を生んだとか、大蛇の尾から剣が出たとか、神風が吹いて敵軍を滅ぼしたとかの神話や伝説があたかも歴史的事実であるかのように記されていたのに、生徒はそれを疑うことなく、その真相やその意味を究めようともしなかった。このようにして教育せられた国民は、竹槍をもって近代兵器に立ち向かおうとしたり、門の柱に爆弾よけの守り札を貼ったり、神風による最後の勝利を信じたりしたのである。また社会生活を合理化する力が乏しいために伝統的な、かつ根のない信仰に支えられた制度や慣習が残っている。いろいろな尺度が混用されたり、難しい漢字が使われたりするのも、同じ原因に基づく。」

安倍文相はダイク局長との会談で、どの国の古代史も神話につつまれていると述べ、ダイク局長も神話そのものは否定していない。

傍線部分後段は、教育使節団報告書を踏襲し、尺貫法と漢字の改革を求めたものである。戦後、わが国は国連の方針に従ってメートル法を採用したが、世界ではヤード・ポンド法がまかり通っている。度量衡はその国の文化そのものである。尺貫法を捨てたために衣食住などの生活文化で失ったものは計り知れない。

教育使節団報告書は、日本の書き言葉が子どもたちに「不合理な重荷」となっているとして、国字改良案を示した。漢字数の制限、漢字全廃、ローマ字表記のみなどの選択肢から漢字数の制限が採用されることになったが、これも文化への露骨な介入以外のなにものでもない。ここで当時のマスコミの論調の一部を紹介する。

「教育使節団の改革案中、誰でも予期したのは、日本文字の問題である。敢えて使節団の指摘を待つまでもなく、我々日本人自身に於いて其の莫大なる不便は、生来経験済みであって、ローマ字採用論の夙《つと》に行われる所以である。故にローマ字採用の提案は少しも驚くに足らぬことであるから、之を初等学校の教課目に採り入れることは、一の改良であるに相違ない。……使節団のこの提案は、之に依り現行日本文字にローマ字を以て漸次代わらしめんとすることを目的とするのであって、遠大なる企図と言わざるを得ない。之と同時に現行の漢字の使用を一定数に縮小することも、併せて行われねばならないのであるが、此《この》文字の改良論とは別に、我輩は、今日の機会に英語を初等学校の教科に採用するの英断を望むものである。」

（時事新報社説、昭二一・四・一一）

こうした言説の流行の中で伝統文化を守ることは極めて厳しかった。ともすれば国粋主義者のレッテルを貼られる危険があったからである。

五、日本国民はひとりよがりで、おおらかな態度が少ない

「封建的な心持ちを捨てきれぬ人は、自分より上の人に対しては、無批判的に盲従しながら、下の者に対しては、独りよがりの、威張った態度で臨むのが常である。そして独りよがりの人は自分と違った意見や信仰を受け入れるところの、おおらかな態度を持たない。……神道を信ずる人々の中にはキリスト教を国家に害のある宗教であるかのように非難する者もあった。

こうした独りよがりの態度は、やがて日本国民全体としての不当な優越感ともなっ

た。天皇を現人神として他の国々の元首よりも優れたものと信じ、日本民族は神の生んだ特別な民族と考え、日本の国土は神の生んだものであるから、決して滅びないと誇ったのがこの国民の優越感である。そしてついには『八紘一宇《はっこういちう》』という美しい言葉のもとに、日本の支配を他の諸国民の上にも及ぼそうとしたのである。」

ＧＨＱの「神道指令」（資料編四・３参照）は、日本軍兵士の敢闘精神の根源に神道があるとの認識を示している。総力戦の中で、わが国のキリスト教関係者が国策に従ったことを徹底的に追求した。

「神」はいずれの国においても政治と深く関わっている。米国大統領就任宣誓式等を見ても聖書が登場する。国民国家として自らの国の成り立ちや文化に誇りをもつことは日本固有の問題ではない。これをあたかも欠陥であるかのような記述がなされている。

「指針」はこの五つの柱をさらにこまかく分け、わが国の歴史・伝統・文化を根底から批判している。国民国家としての一般的な問題をわが国固有の欠点として、これらすべてが戦争を引き起こした原因に結び付けられ、敗戦の原因ともされているのである。

教員組合結成の奨励

なお第五章「民主主義の徹底」の項では、教師自身が民主的な教養を積むこととして、教員組合について次のように述べている。

「教員組合の健全な発達もまた教師の民主的な生活及び修養のために大切なことである。教員組合は教師の生活を経済的に安定させ、さらに教師としての教養を向上させ、それによって安んじて、しかも熱意をもって、教育の道に全力を尽くすことができるように、そのように教師が助け合い、また当局に対して正当な要求を貫くことを目的とする。それはあくまでも教師の自主的・協同的な活動のあらわれであるべく、他の勢力に手段として利用されるようなことがあってはならない。民主主義は当然政党政治の発達をうながすであろうが、政党の争いが激しくなって教師がそのための道具に使われるようになると、国民全体を公平に取り扱うべき教育の仕事が歪められ、また教師が常に政党の勢力によって動かされる恐れがある。むしろこのような弊害を防ぐためにこそ、教員組合は必要なのである。」

ＧＨＱは日本の民主化の一貫として労働組合の結成を促したが、その目的の中には旧体制の解体を日本人自身の手によって行わせることも含まれていた。

別掲でも述べたごとく、左翼勢力はこの政策を評価して「解放軍」（「連合軍は、われわれの敵ではない。のみならず、民主主義革命の有力な味方であり、われわれにとって、まさしく解放軍そのものである。」徳田球一・日共第一全協の演説）幻想をいだいた。

こうした方針を受けて、日教組が結成され、文部省が懸念したとおり、社会主義政党の拠点となっていった。教育の政治的中立に関する国会での対立（教育二法）の根はここにあった。

現在、わが国の政治や教育に内在する国際社会に対する謝罪と自虐の病理はこの時に徹底して刷り込まれたものである。文部省編になるこの「指針」はＧＨＱ／ＣＩＥの対日占領政策に屈従し、日本を精神的降伏に導いた歴史的文書である。

二、教育基本法制定

教育勅語と教権の確立に関する国会答弁

昭和二十一年六月二十七日、第九十帝国議会において、森戸辰男は教権及び教育の根本法、教育勅語（資料編六参照）について質問している。この国会の主たる任務は憲法の改正であった。

「今日新生日本ノ建設ニ於キマシテ、教育ノ占メル使命ト言フモノハ極メテ重大デアリマス。殊ニ道徳的頽廃《タイハイ》ノ天下ヲ風靡《フウビ》スル場合、新シキ教育ノ確立サレ、新シキ国民ガ育成サレズシテ如何ニシテ新シキ日本ガ立ツコトガ出来ルカ。此ノ故ニ人々ハ教権ノ確立ヲ言ヒ、施政方針ノ質問ニ於キマシテモ之ニ対スル質問ガアリ、田中（耕太郎）文相ハ之ニ対シテ答ヘテ、教育ノ尊重、自由権、教権ノ確立ガ必要デアルコトニ御同意ナサレタト思フノデアル。所デ之ノ教権ヲ確立スルト言フコトハ、此ノ憲法ニ於テナサレルコトガ最モ適当ナノデハナイカ、然ルニ此ノ憲法ニ於テ教権ノ確立ニ関スル規定ハナイノデアル。文相ハ之ヲ如何ニ御考ヘニナッテ居ルカ。又従来学校制度ハ法律ニ依ルコトハナカッタノデアル。次代ノ国民ヲ育テル所ノ重大ナル学校ガ、法律ニ依ラズ、議会ノ審議ヲ経ナイ所ノ法令ニ依ッテ規定セラレテ居ルコトハ、私ハ民主主義ノ国家トシテハ望マシキコトデハナイト思フノデアリマス。民主主義ノ新シイ時代ニ於キマシテハ、此ノ重大ナル国民教育ヲ取扱フ所ノ規定ハ、是非トモ議会ノ協賛ヲ経タ法律ニ依ッテナサレナケレバナラヌト私ハ思フノデアリマス。此ノ点ニ付イテ文相ハ如何ニ御考ヘニナラレルノデアリマセウカ。併シ教権ノ確立ト雖モ、教育ノ根本精神ガ確立致サザレバ、単ニ形式ノ上ノ確立ハ意味ヲナサヌノデアリマス。然ルニ今日日本ニ於ケル教育ハ如何ナル原理ニ依ッテナサレテ居ルデアリマセウカ。此ノ教育ノ根本法律確立致サズンバ、此ノ混沌タル精神状態ニ於イテ国民ニ新シイ教育ヲ施スコトハ、如何ニ教権確立スト雖モ私ハ全然不可能デハナイカト考ヘルモノデアル。然ルニ長イ間日本デハ教育勅語ガ日本ノ教育ノ根本デアッタノデアリマス。此ノ教育勅語ハソレ自体ト致シマスレバ道徳法典トシテ中々立派ナモノデアルト言フコトヲ私ハ感ジマスルシ、明治以来日本ノ教育ニ対シテ尽シタコト多大デアッタコトヲ認ムルニ吝カデナイノデアリマス。併シナガラ今日ノ時代ニ於テ、日本ガ新タナル躍進ヲナシ、民主主義ヲ建設致シ、欽定憲法ガ改訂サルル今日に至ッテハ、丁度此ノ欽定憲法ト略々年ヲ同ジウシテ出来、恐ラクハ同ジ精神ヲ以テ起草セラレタル教育勅語ハ、新シキ国民ヲ育成シテ行キ、新シキ日本ヲ作ッテ行ク所ノ教育ノ根本原理トシテハ、既ニ十分デナイ所ガ含マレテ居ルノデハナイカ。私ハ新シキ時代ニ処スル教育ノ根本方針ガ、憲法ニ於テ、国民ノ代表タル我々ノ手ニ依ッテ作ラルルコトガ適当デハナイカト思フガ、文相ハ如何ニ考ヘテ居ルカ、又是ハ事ノ重大ナルニ鑑ミテ首相ハ如何ニ御考ヘニナッテ居ルカ、少クトモ私ハ此ノ新シイ教育ノ根本ヲ規定スルモノハ、国会ヲ以テ其ノ実質ガ定メラレナケレバナラヌト考ヘテ居ルノデアルガ、此ノ点ニ於テ政府ハ如何ナル考ヘヲ持ッテオイデニナルカ。」

教育の根本法、すなわち今日の教育基本法の構想が論じられたのはこれが最初であった。当時、教育勅語について、どのような位置づけがなされていたかを知ることができる。この質問に対する田中耕太郎文部大臣の答弁は以下のようなものであった。

「教育勅語ガ今後ノ倫理教育ノ根本原理トシテ維持セラレナケレバナラナイカドウカト言フコトニ付キマシテハ、結論ヲ申上ゲマスト、之ヲ廃止スル必要ヲ認メナイバカリデナク、却テ其ノ精神ヲ理解シ昂揚《コウヨウ》スル必要ガアルト存ズルノデアリマス。……又ソレハ過去に於テ国粋主義者ノ側カラ濫用《ランヨウ》セラレタ事実ガアルコトモ確カデゴザイマス。併シ其ノ徳目ノ内容ノ一々ヲ偏見ナク検討致シマスト、只今森戸君モ仰セラレマシタヨウニ良イモノデアリマシテ、古今東西ニ通ズル道徳律、人倫ノ大本デアリマシテ、特ニ軍国主義的又極端ナ国家主義的要素ハ見受ケラレナイノデアリマス。今後ノ教育ト致シマシテハ、教育勅語ヲ蔽ウテ居リマシタ所ノ神秘的ナ『ヴェール』ヲ取除キマシテ、教育勅語ヲ、修身教育、公民教育ノタッタ一ツデハナイガ、詰リ古今東西ノ宗教ヤ倫理道徳ノ体系ト並ビマシテ更ニ将来ノ我ガ国民ノ為ニハ、特ニ重要デ且ツ親シミノアル教訓ノ一ツト致シマシテ取扱ハルベキモノデアルト存ジマス。……民主主義ノ時代ニナッタカラト言ッテ、教育勅語ガ意義ヲ失ッタトカ、或ハ廃止セラルベキモノダト言フヨウナ見解ハ、政府ノ採ラザル所デアリマス。

……教権ノ確立ガ如何ニ重要デアルカト言フコトハ、申スマデモナイコトデゴザイマスガ、之ヲ憲法ノ規定ニ採入レマスニ付キマシテハ、其ノ内容ガ複雑デゴザイマシテ、マダ一定ノ型ガ出来テ居ルトハ申サレナイノデアリマス。司法権ノ場合ノヨウニ之ヲ憲法中ニ規定シタ例ガ外国ノ立法例中ニ見当リマセヌ為ニ、立法技術ノ点カラ申シマシテ、網羅的ニ規定致シマスコトハ相当困難ナコトト存ジマス。随テ此ノ際ハ憲法ノ中ニ之ニ関スル規定ヲ置キマセヌデ、教育ニ関スル根本法ヲ制定致シマス際ニ、十分ナ調査ヲ俟ッテ、其ノ中ニ採入レタイト存ジテ居ル次第デアリマス。

第三点ト致シマシテ、教育ニ関スル根本法ヲ法律デ規定シタラドウデアルカト言フ御質問デゴザイマス。……教育ニ関スル法令ガ議会ノ協賛ヲ経テ制定セラレナケレバナラナイト言フコトハ政府ノ承認致ス所デアリマス。……教育ノ重要性ニ鑑ミマシテ、少クトモ学校教育ノ根本ダケデモ議会ノ協賛ヲ経ルノガ民主的態度ト考ヘマシテ、目下其ノ立案ノ準備ニ着手シテ居ル次第デアリマス。」

この答弁から、教育勅語については古今東西の宗教や倫理道徳の体系と並んで国民にとって重要な教訓であり、民主主義の時代になってもその意義は失われないこと、教権の確立の規定を憲法に採り入れることは諸外国にも例がなく、立法技術上も困難であること、教育に関する根本法を議会の協賛を経て制定する準備を進めていること等が明らかにされた。

このうち、教育勅語については政府の意思にもかかわらず、GHQの強権によって昭和二十三年六月十九日、衆議院においては「教育勅語等排除に関する決議」、参議院においては「教育勅語等の失効確認に関する決議」がそれぞれ可決された（資料編八参照）。安倍・ダイク会談当時の認識とは異なり、GHQ／GS（民生局）のケーディス次長が、国会課長ウィリアムズに指示し決議を行わせたとされている。

教権の確立の規定を憲法の中に設けなかった結果、今日まで国民教育の責任の所在がどこにあるかをめぐって不毛な論議が延々と展開され、これに起因する教育裁判が多発している。今後の憲法改正の過程において論議すべき課題である。

教育基本法制定の経緯

教育に関する根本法、すなわち教育基本法の制定について、ＧＨＱは憲法の実施法と位置づけて、昭和二十二年五月三日憲法施行前の三月三十一日公布、同日施行させた。

右の国会答弁の六月段階から翌年三月までの間、ＧＨＱ／ＣＩＥと文部省、教育刷新委員会との間で折衝が行われた。新日本の教育の理念や基本法の条項に関しては教育刷新委員会の主体性が尊重される形式をとりつつ、実質的にはＧＨＱの意向のもとに成案を得たというのが実情である。今日、教育基本法擁護派の多くが日本側の自主性が守られたかのような主張を述べているが、成立の経緯を客観的に見れば、それが誤りであることは明らかである。

ＧＨＱは外見上、日本側が主体的に策定したように装いつつ、実質的にはＣＩＥ・文部省・教育刷新委員会三者のトップによる「高等連絡委員会」を設置して根回ししていた。

ＣＩＥ側はニュージェントを局長に、オア教育課長、トレーナー教育課長補佐の構成であり、文部省は大臣官房審議室（調査局）体制を整備し、田中文相のもと田中二郎審議室参事のラインに、辻田、関口ら官房スタッフがいた。米国教育使節団対応の教育家委員会は教育刷新委員会となり、委員長に安倍前文相、副委員長に南原繁東大総長が就任した。

折衝の中心「連絡委員会」は、ＣＩＥ教育課のオアとトレーナー、文部省の官房スタッフで行い、最終的にはニュージェント局長、田中文相、南原副委員長の「高等連絡委員会」に委ねられた。

文部省はこうした折衝の結果に基づいて、教育刷新委員会に諮り了承を得ていた。委員会は基本的には前身の教育家委員会の使命を踏襲しており、ポツダム宣言の忠実なる履行を前提にしていた。さらに議会においては、憲法改正案の通過目前という時期であり、その実施法としての教育基本法及び新制度による教育関係法規など、解決を要する課題が山積していた。

戦後教育改革に関する占領軍の関与を物語る文書として、ＣＩＥ教育課長補佐Ｊ・Ｃ・トレーナーの「回想録」がある。彼は戦後教育改革の策定段階で中心的な役割を果たし、以後、当時の原資料を保管し、スタンフォード大フーバー研究所に寄贈（トレーナー文書）した。

戦後教育改革の研究者の手によって『戦後教育の総合評価』（国書刊行会・平成十一年刊）にこの文書が「トレーナーの思想と戦後教育改革」として紹介され、当時の状況が明らかになった。その一部を紹介する。

【回想録】「征服者が被征服者の諸問題を我がことのように考えた、そういう慈悲深い占領であった。……アメリカの軍隊は日本の征服者として入ってきたのであり、日本国民は被征服者として扱われる予定であったということは、指令の中には過酷極まる占領を許容する十分な余地があったことを忘れてはならない。しかし、かわりに日本人は、倫理的な原則と公正さと直面する諸問題に対して深い考慮をもって事にあたる占領軍を見いだしたのであった。」

『資料教育基本法五十年史』には次のような文書が紹介されている。

（日付不詳・教育基本法草案に関して）「下記の草案は日本語をできるだけ使用し、いくつかの決定的な問題を明らかにしている原案を言い直す一つの試みである。……筆者の意見では、適当に修正されたこのような言い直しは教育刷新委員会に対する奉仕となり、その自主性を甚だしく干渉することはない。この問題は明らかに最も重要なものの一つであり、新憲法の場合と同じように、われわれの積極的な協力を容認し、正当化する。」

自主性を甚だしく干渉することはないとしつつも、suggestion（示唆）という形をとりながら実際には directive（命令）そのものだった。彼らが「干渉」を気にしたのは、多少はハーグ陸戦法規が念頭にあったのだろうか。米国はこれを批准していないが、ハンドブックは携行していたと言われている。

もはや、占領軍の関与に関しては多言を要しない。日本側の自主性を強調する理由が、「従って教育基本法は擁護されなければならない」とつづくことでもその意図は明らかである。

教育基本法の問題点

改正憲法と一体をなすものとして制定された教育基本法（資料編十参照）は、前文と各条項にわたって多くの問題点が指摘されている。

第一は、前掲の『太平洋戦争史』で強調された、旧体制の国家が善意の国民を欺瞞《ぎまん》して戦争に導いたとする立場から、国家と国民という関係が前文及び各条項から完全に排除され、個人が全面に出ていることである。

第二は、日本の過去の歴史を否定し、伝統・文化についても意図的に削除されたことである。教育基本法最終草案の段階で「伝統を尊重し」が削られた経緯は語りぐさとなっている。伝統文化の継承なくして、その発展のみを期すなどあり得ないことは言うまでもない。

第三に、国家と民族を排除した教育基本法では、「よりよき日本人」の育成というわが国の教育の基本理念としては成り立たない。議会における審議の中でも、「国家再建と教育について」質問した佐々木惣一もこの点を鋭く突いている。さらに、国家・民族とともに社会の構成単位としての家族についての記述がない。「新教育指針」において封建的遺制としての家族関係の記述が否定的に述べられており、家族より個人重視の立場から排除されたと見なければならない。今日の家族をめぐる惨状は民法の改正と教育基本法のこうした立場とは無縁ではあり得ない。

第四は、宗教教育に関するものである。教育刷新委員会の要綱案では「宗教的情操の涵養はこれを教育上重視し」「特定の宗派的教育及び活動はしてはならない」となっていた傍線部分が修正された。占領軍は「神道指令」によって国家神道・神社神道を禁止したが、宗教教育については過剰な警戒感を示した。その結果、わが国では宗教に関しては社会主義国家の唯物論に基づく教育の観がある。

第五は、児童・生徒に対する公民教育の一環としての政治的教養に関する問題と、学校を拠点としての政治活動をめぐる問題である。学校行事での国旗・国歌の扱いがその都度問題となるようなことは諸外国には見られない異常事態である。この第八条に関しては教育裁判が多発しており、教育の政治的中立をめぐってたびたび政治問題化してきた。

第六は、教育行政に関する問題である。「不当な支配」と「直接国民に対して」のいずれもが教育に対する国家の介入・干渉を排除するものと曲解され、これがまかり通ってきた。この問題は、前掲の議会における質疑で、「教権の確立」について、基本法制定段階で検討するとされていたのが、明文をもっての位置づけがなされなかった結果である。国民教育に直接責任を負う国の立場が曖昧《あいまい》にされたのは占領軍の作為としか言いようがない。

この問題に関しても教育裁判が多発している。

「……教育基本法が議会に提出されるのは、わが国の教育の根本義を国民代表者の総意によって討議確定するためであり、教育の指導理念を上からあたえられたものとしてでなく、人民みずから民主主義的に定めようとするところに重大な意義があるのである。形式は法律であっても、その実質は新日本の「教育宣言」を人民みずから発することであり、民主革命の最も重要な一環をなすものである。……〝考えて見るがよい。従来の教育勅語にかわって、人民みずからが教育の指導理念を定めるということが、どんなに大きな革命であるかを〟。正直にいって、敗戦以来、現在にいたるまでのわが教育界には暗中模索に似た不安定感がつきまとっていた。民主革命の表面の形式には追従していったが、旧い理念を一気には断ち切れず、自信ある堂々たる態度が多数の教育者から失せたという印象をわれわれは受けている。かかる状態を改めるためにも、議会がわが国の教育の向かうべき目標を明確たらしむることは急を要するしごとである。……徳目の列挙という点からいえば、教育勅語はほとんどあらゆる徳目をかかげていた。しかし人民に対する政治上の自由があたえられていない状況のもとでは、これらの徳目が全人的に発揮される機会は封ぜられるのである。なぜならば、個人の尊厳のないところには、人間性の開発は望み得べくもないからである。そして人間性の開発なしには、いかなる徳目も形式におちいりやすいからである。人間性の開発を強調せんとするのは、従来の教育理念にはみられなかった重要な点であろう。……」

（朝日新聞社説、昭二一・三・五）

完全な情報管理・検閲制度のもとでの社説を批判しても致し方ないが、「人間性の開発」という語は教育基本法にはない。この後、これは「人格の完成」に置き変えられた。教育刷新委員会での田中耕太郎の主張が採り入れられた結果だとされている。

第四章　日教組結成

森戸文相の懸念

「全国五〇万の総力を結集し、ここに日本教職員組合の鉄の団結をいたす。この灼熱《しゃくねつ》の力をもちて教育革命に邁進《まいしん》す。森戸文部大臣に要望するところ大なり。」

昭和二十二年六月八日結成大会を開いた日教組が文部大臣に宛てた激励電報である。

この年五月総選挙が実施され、わが国では初めての社会党内閣（片山哲首相）が誕生した。文部大臣には社会党の政務調査会長森戸辰男が就任した。

『日教組十年史』によれば、

「二・一スト後のもりあがる人民勢力の力をそらそうとするＧＨＱに利用され易かっ

た片山内閣に対して、組合はこれを極力鼓舞激励しつつ本来の社会主義政党らしい方向をとらせようとした。この組合員の気持が一本の電文にもよくしめされている。」

二・一スト中止指令によって「解放軍」幻想が消えた労働側は自力での組織拡大をめざし、こうした機運を背景に教職員組合の全国統一が促進され、幾多の曲折を経て日教組結成にこぎつけた。

結成大会の開かれた橿原市は神武天皇が即位した神話の舞台であった。

六月二十日、森戸文相はＮＨＫラジオ放送で「教育者諸君に与う」と題して放送を行い、日教組の激励電報に応えた。

「新しい文化、新しい国民精神の建設をめざすルネッサンスを実現することこそ、教育者諸君のもっとも光輝ある任務である。私は日教組結成への喜びを贈り、健全な発展を祈っている。日教組が破壊的闘争という小児病的偏向を克服し、わが国の教育者と教育界のために真実な革新的進路を示すものと確信する。」

以後の日教組運動史をたどれば明らかのように、革命前夜のような時代を背景に、日教組の運動は森戸文相が懸念した「破壊的闘争という小児病的偏向」の路線を歩み、教育の政治的中立問題がまさに政治問題化する事態を招いた。

日教組結成の経緯

日教組結成に至る経緯を検証しつつ問題点を明らかにしたい。

戦前・戦中の教員運動について、『日教組十年史』から見ていく。

「教員運動のひろがりを一九二八年の青年教育家連盟の結成より一九三三年末までの『小学校教員思想事件』によってみれば総数九八件、関係教員七六一名、関係地方一道三府三七県にわたっていたのである。

教員運動のこのひろがりに大きな役割を演じた新興教育研究所の活動はどうであったか。新教はその機関誌『新興教育』で教労運動の方向を明らかにし、活動の指針となるような論文を掲載したり、国際的な運動の経験、各地の経験の交流、新興教育の理論的問題の啓蒙、反動的教育政策の暴露などを展開する一方、現場の教師の先進的な教育実践『教育内容の自由化』『教育の実際生活化』『教育と社会の結合』の記録を集中、交流し、多くのすぐれた教材研究や、全協教長野支部編『各科教授方針批判』、同支部編『修身科無産者教授教程』、新教同盟準備会編『小学校における各科教授方針』などを生み出すなかだちとなった。……新教の活動は新教育理論の創造という点では弱く、また運動の進め方にもおさなさもあったが、その基本的に正しい教育観と天皇制教育に対するするどい階級的批判は、ファシズムに対する大きな抵抗であり、国民教育のすすむ道をさししめすものであった。これらはいわゆるプロレタリア階級教育といわれるものであったが、……階級的自覚をもった教員の多くは、はじめこそ反動イデオロギーとたたかうあまり、児童に階級的意識を注入することに目を向けすぎ、その教育方法において幼稚であったが、しだいに『児童のもっている発展の可能性を正しく育てること、児童の自発性をもとに児童自身に学ばせ考えさせること』が正しい階級的教育につながることを見いだしていったことは、戦後の新教育に伝えられた貴重な遺産である。

……教労運動の壊滅のあと、教育の面でファシズムに対する最後の抵抗となったのは、生活綴方運動に代表される良心的な教師の教育実践であった。」

冒頭紹介した荻野末の「明治以来の抑圧の歴史の中でかためられた」教育と「社会と人間の解放を主題とした文学作品とその理論」、「生活短歌運動に参加し、教育実践としては生活綴り方につながる」とした教師たちが導かれた思想が、プロレタリア階級教育として浸透してきた国際的共産主義運動を底流としていたことは明らかである。

既述したとおり一九二〇年代、コミンテルンの活動が東アジアにおいても活発化し、政府はこれへの対応として日ソ基本条約を調印する一方、治安維持法を制定した。大正期、ロシア文学が流行し、人道主義の立場から社会正義にかられて共産主義運動に参加する者もいたが、当時のコミンテルンはスターリン支配の時代であり、その実態に幻滅して組織から去る者も多かった。後世、これを弾圧の結果のみに起因するとの主張がなされたが、これは組織と運動の実態を覆い隠すための論理である。

傍線部分の「階級的自覚をもった教員」が「反動イデオロギーとたたかうあまり、児童に階級的意識を注入することに目を向けすぎ、その教育方法において幼稚であった」が「教労運動の壊滅のあと、教育の面でファシズムに対する最後の抵抗となったのは、生活綴方運動に代表される良心的な教師の教育実践であった」との記述は、戦前の偏向教育の実態を語ったものである。

戦後、これらの教師たちが中心になって、「解放」を期に全国各地で教労運動の拠点作りを行った。前章の教職追放についても、「解放軍」としての占領軍に協力し教職員の告発を積極的に行った。

『日教組十年史』によれば、戦後各地に誕生した教員組合は離合集散を繰り返しつつ全国統合をすすめ、全日本教員組合（全教）と日本教育者組合（日教）の二つの流れとなっていた。「全教は、戦前の民主的運動に関係した者を中心に戦時中の教育文化運動団体であった青年教師団訓育部のメンバーや東京都教育部の職員なども加わっていた」としている。全教は戦前からの流れとして共産党の指導の下、組合による学校管理を行うという激しい闘争方針を掲げ、労働団体としては共産党の影響下にあった産別会議に加盟した。

一方、こうした方針に反発した教師たちは教員組合全国連盟（教全連）を結成して社会党系の総同盟を志向した。

この両者を統一に向かわせたのは、昭和二十二年の「二・一スト」が不発に終わったためであった。仮にこのゼネストが実施されていれば、以後の労働運動は違ったものになっていたとの指摘もある。もう一つ統一促進の原因となったのは、両組織の地方からの要望が強かったことがあげられる。

社共代理戦争

日教組に結集したのは教全連十二万人、全教協三十万人、大学・高専教組二万人、日本教育者組合連合などで、五十万人というマンモス組織となった。この構成からも明らかのように、以後、人事・運動路線をめぐって社会党系と共産党系の激しい主導権争いが展開された。これは各都道府県・支部段階の組合役員選挙から熾烈《しれつ》に闘われた。各級組織の機関会議、年次の大会も両派の激しい攻防に終始し、マスコミはこれを「社共代理戦争」と評した。これは後に、左右社会党の統一、共産党の路線転換などで両派からさらに幾つかのセクトが生まれ、複雑な勢力地図となった。

すなわち、社会党系は社会党内の構造改革派（右派）と社会主義協会系（左派）の対立をそのまま組織内に持ち込み主導権争いを演じ、共産党を脱党した一部が新左翼グループを形成していた。しかし大別すれば、この両派の対立が五五年体制の下で続いた。

この間、日教組傘下の五万の教育現場はこの両派の主導権争いによって修羅場と化した。教育基本法第八条（政治教育）二項は「特定の政党を支持し、又はこれに反対するための政治教育その他の政治的活動をしてはならない」と規定している。後に述べる授業時における政治的偏向、教職員間の両派の政治宣伝活動等は二項を完全に形骸化した。

こうした状況から、昭和二十九年の「教育の政治的中立確保」問題が浮上したのである。日教組はこれに対し基本法第十条（教育行政）の「不当な支配」を盾に抵抗した。自らの職場に対する政治支配を正当化し、国の介入は一切認めないという独善性は組織結成以来今日まで変わっていない。

一九八〇年代、労働運動の統一の機運の高まりによって、社会党系は一九八七年（昭和六十二年）日本労働組合総連合会（連合）に拠り、共産党系は全国労働組合総連合（全労連）に加盟して一九八九年（平成元年）全日本教職員組合協議会（全教）を結成し、日教組は分裂した（資料編十二「教職員団体系統図」参照）。

教師の倫理綱領

次に日教組が組織と運動の正当性の根拠としているのが、「教師の倫理綱領」（資料編十一参照）である。

『戦後日本教育資料集成』から制定の経緯・背景をさぐる。

「日教組は一九五一年五月の第八回城崎大会でＷＯＴＰ（世界教員連合）第五回総会への加盟を決定、この年の七月マルタ島で開くＷＯＴＰ第五回総会に岡委員長を派遣することを決定した。この年のＷＯＴＰ総会の中心議題に「教師の倫理について」があった。日教組は討議に参加するため、日本の教師の倫理観をまとめる必要にせまられた。

このため、宮原誠一東大助教授、勝田守一学習院大教授、柳田謙十郎元京大教授、周郷博お茶の水大教授の四氏を招き『教師の倫理』について意見の交換を行った。その際つぎの要旨の意見が出された。

【宮原】労働と科学と平和ということを中心にして、人が人を搾取しない民主的な労働者の共同社会を建設しなければならない。そのためには科学的な手段がとられなければならないし、平和な社会が必要である。労働者のための共同社会の建設という本来の使命をはっきりさせなければいけない。

【勝田】教師は労働者であり、社会の最大多数をしめているのも労働者であるという基本的な考えがはっきり体認されなければならない。

【周郷】民主化のためにはどうしても平和な社会がまず保障されるべきであるという訴えも強くだすべきである。そして平和を求める日本の大衆の声が、保守的な陣営によって圧迫されている事実もだすべきである。

【柳田】現在の教師の倫理は、わが国の教育界の通念を破るものでなければならない。現実の課題をとく、役に立つものでなくてはならず、それは歴史の変化に応じて変わり、歴史そのものをつくりだす力をもっているものである。

当時、日本国内では講和問題をめぐって激しい論争があり、日教組は平和四原則の方針を確立し、全面講和運動の中心的な役割を果しており、平和をのぞむ多くの国民から日教組につよい期待がかけられていた時期でもあった。日教組としては、単にWOTPの討論に参加するための討議資料として『教師の倫理』をまとめるのではなく、単独講和、再軍備の基礎づくりとして教育に対する攻撃が始まっているおりから、この攻撃にたちむかい、平和と民主主義の教育を創造するための、日本におけるあるべき教師像を『教師の倫理綱領』としてまとめた。」

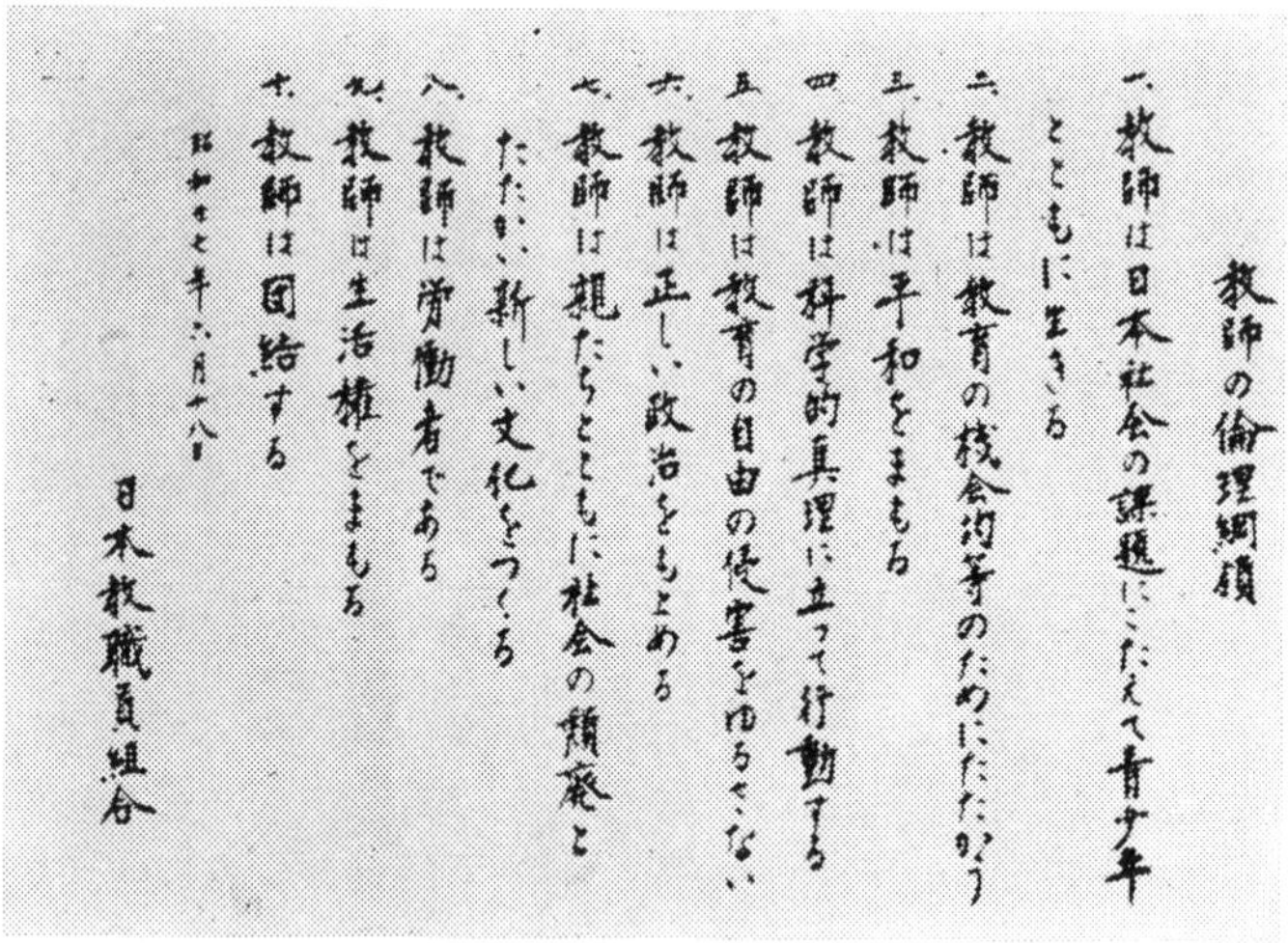
教師の倫理綱領

一、教師は日本社会の課題にこたえて青少年とともに生きる
二、教師は教育の機会均等のためにたたかう
三、教師は平和をまもる
四、教師は科学的真理に立って行動する
五、教師は教育の自由の侵害をゆるさない
六、教師は正しい政治をもとめる
七、教師は親たちとともに社会の頽廃とたたかい、新しい文化をつくる
八、教師は労働者である
九、教師は生活権をまもる
十、教師は団結する

昭和二十七年六月十八日

日本教職員組合

日教組本部に今も掲げられている教師の倫理綱領

良き組合員は良き教師

一九五二年（昭和二十七年）六月第九回新潟大会で、この綱領を「行動綱領に準ずるものとして扱う」として決定を見た。全十項目については巻末の資料にゆずり、後に日教組の特質として問題になった点について述べる。

綱領三項の「教師は平和をまもる」について次のように解説している。

「平和憲法をとりきめ戦争放棄を世界に宣言した日本が、こんにち、自ら好んでなにもその対立（米ソ）のなかに身を置く必要はない。しかもアメリカのわずかな安心のためにソ連のはかりしれない敵意をかき立て、その憎悪が、アメリカよりも、むしろ日本に注がれるというような事態を、なぜ日本自らが招く必要があろうか。中国とソ連の同盟条約は、すでに日本を危険仮想敵国としている。……『平和は人民の希求である』けれども、資本家にとっては、それは『もうからない』ということであり、まさしく、おそるべき『脅威である』というわけであろう。あるいはそうかもしれない。それが、資本主義社会構造がもっている宿命的なガンであろう。……われわれは、愛する祖国と青少年を、そのような戦争挑発者にまかすことなく、人民の希求に従った平和なものに育て上げなければならない。そのためには、いまや勇敢な平和へのたたかい以外に途はない。『教え子をふたたび戦場に送るな』という切実なスローガンは、全国の教師ひとりひとりの胸をやく祈りとならなければならない。」

資本家にとって、平和はもうからないので戦争を挑発し、日本もこれに加担させているとして、「教え子をふたたび戦場に送るな」というスローガンは切実なものとなっているとしている。

朝鮮戦争の発端が韓国による北進にあるとする立場は当時、総評内においても異質なものであった。社会主義諸国家は平和勢力、との信仰にも似た信念で語る「平和」がいかに欺瞞《ぎまん》に満ちたものであったか、これについて、日教組が何らかの総括を行ったという話は寡聞にして知らない。

日教組はWOTPへの参加にあたって「綱領」を作ったのであるが、今日の教育国際組織EI（教育インターナショナル）においても、加盟各国の教員組織で「教え子をふたたび戦場に送るな」などという反国家・反体制の方針を持っているところはどこにもない。いずれの組織も祖国愛を教育上重要な目標としている。

六項「教師は正しい政治をもとめる」に関する解説は次のようになっている。

「これまでの日本の教師は、政治的中立の美名のもとにながくその自由を奪われ、時の政治権力に奉仕させられてきた。……政治は一部の勢力に奉仕するものではなく、全人民のものであり、われわれの念願を平和のうちに達成する手段である。」

ここで解説は、念願を平和のうちに達成するためには、政治的中立ではダメで、政治的に「なんでもやる」という積極的な立場に団結しなければならないと述べている。平和的に社会主義革命を実現するには、教育基本法第八条二項は運動上障害ということである。こういう団体によって職場支配が行われている状態こそ「不当な支配」そのものではないか。

八項「教師は労働者である」については長年にわたって、教師は労働者か聖職者かという不毛の論議が展開されてきた。綱領では階級闘争の観点から「労働階級は、その階級全体として重要な歴史的課題を担っている」としており、教師はその歴史的課題を教育現場から実現する任務を負った「労働者」だと言っているのである。したがって、教師が「労働者」と全く概念が異なる「聖職者」「師表」「先生」であっては困るので、この「労働者」という言葉にあくまでもこだわっているのである。

十項「教師は団結する」に関しては次のように解説している。

「教師の歴史的任務は、団結を通じてのみこれを達成することができる。……全国のすべての教師がひとりびとりその任務を自覚することがのぞまれるが、ここで大切なことは、それらの教師が固く組織に団結することである。孤立は敗北に通ずることはすでに歴史においてそれを学んだ。『団結すれば勝ち、分裂すれば敗れる』ということも有名なことばである。……団結こそは教師の最高の倫理である。」

教育は教師個々の活動と合わせて、教職員集団として協同して活動することが不可欠である。教職員集団として多数が組合に加入している場合、非加入を意思表示することは、こうした教育そのものの特性から困難である。これまで紹介してきた「綱領」に疑問を抱いても、さらには運動そのものに反対であっても、その事が団結を乱す行為として批判される。「団結こそは教師の最高の倫理」という言葉には従わざるを得なくなる。

日教組には「良き組合員は良き教師」という言葉がある。この「綱領」を遵守《じゅんしゅ》し、運動に積極的に参加する組合員こそ最良の教師ということになる。しかし、これは本来「良き教師は良き組合員」であるべきだったと思う。そうすれば組合活動について、良き教師は、「時間内に、職場内で組合活動を行えるようにすることが組織の強化になる」などという方針には反対するはずだからである。また、組合の方針を理由に夕刻の父母面接を断ったりしないはずである。これが「団結は教師の最高の倫理」の実態である。

日教組はこの「綱領」策定後十年を経て、前書きや各項目の解説部分をかなり修正したが、十項目については手を付けていない。

かつて、日教組指導部の革命路線に対して下部組織との意識のずれから「丹頂づる」と評されたが、今日、その逆現象が起きている。村山政権の成立という政治情勢を背景に前日教組委員長が中央教育審議会のメンバーに加わる事態となったが、各都道府県教組は国旗・国歌問題に象徴されるように従来の方針を変えていない。この現象は「フラミンゴ」と評されている。

次に、綱領の六項「正しい政治をもとめる」という運動が引き起こした国政における問題を検証する。

第五章　教育の政治的中立をめぐって

一　教育二法

教育現場の政治的偏向

「二・一ストに結集した力は、内部的な抗争もあって一時的な停滞の時期に入る。労働者の前進がにぶりはじめた時期、いや、その前進を意識的ににぶらせる状況をつくりだしたうえで、一九五〇（昭和二十五）年、アメリカ帝国主義の朝鮮への侵略が開始された。

アメリカ占領軍の〝民主化〟政策は、結局は日本を総ぐるみアメリカ帝国主義の支配下におくことであったことがあきらかにされた。日本独占資本は朝鮮特需で復活・強化され、占領軍のまえにひれふしながらも、自立の基礎を固めた。」

（日教組三十年史・一九七七年刊）

ソ連崩壊以降、情報公開が進み、朝鮮動乱については、北朝鮮の南進が発端であることはあまりにも自明のことになっているが、現在でも中国・北朝鮮においては、『日教組三十年史』が語る「歴史認識」に立っている。

昭和二十九年、教育の政治的中立問題が国政で大きく取り上げられた背景には、教育現場での政治的偏向が父母からの指摘で顕在化したからであった。

全国的に多くの事例が報告されているが、ここでは山口と京都の事例を紹介する。

【山口日記事件】

『気の毒な朝鮮』……カイロ宣言やポツダム宣言によって朝鮮は一つの国となるようにきまっているのに、こんなわけでよその国が勝手に自分のつごうのよいように二つに分けてしまったのが、朝鮮をまた不幸にしてしまったのです。やがてソ連が北鮮から兵をひきあげ、次にアメリカが南鮮から兵をひきあげましたので、北鮮と南鮮は一つの朝鮮をつくろうとしましたが、どちらの政府も自分が頭になろうとして話がつかず、争いをつづけました。人民は働く者の国（北鮮）がよいと考えていたのですが、南鮮の李承晩はこれに反対しアメリカのたすけをうけて何度も北鮮をせめましたが、いつもうちやぶられていました。

一九五〇年六月二十五日、北鮮はせめて来た南鮮を追って南鮮深くせめこみました。これが朝鮮戦争のはじまりです。これがもととなってアメリカを中心とする国連軍は南鮮をたすけ、中共は北鮮をたすけて大がかりな戦争となってしまいました。

『ソ連とはどんな国か』……「ソ連」というのは「ソビエト社会主義共和国連邦」の中から二字をとったのです。「ソビエト」という意味は、「会議」ということで、いっさいの政治は、「会議」によってきめるということです。「社会主義」というのは、労働者と農民の幸福を第一とする主義なのです。工場をもっている資本家が、安いお金で労働者を使って自分のふところをこやしたり、安い米のねだんにして農民を苦しめたりしている「資本主義」とは反対です。……アメリカや日本の「資本主義」と、どこがちがうか、どこがよいかしらべてみて下さい。

これ以外の事例も含め、共通しているのは西側の資本主義諸国家は戦争勢力、東側の社会主義諸国家は平和勢力となっていた。これは五五年体制という国内の冷戦構造における左翼の基本認識だった。

【京都・大将軍小】（父兄の学校に対する不満は左翼的な教育のやりかたにあり、父兄有志は市教委に陳情書を提出した。以下はその実態である。）

『日の丸軽視・皇室侮辱』……

一、二十七年度一年生国語教科書に「日の丸」の教材があるが、先生はここを教えない。

二、「ラジオで君が代が出たら急いで切れ」と教えたので、子供が家でそれをする。

三、天皇巡行の折、五年生の児童会で、先生が「天皇も橋の下の乞食も同じ人間だ」といった。又、「陛下をお迎えにゆくな」ともいった。

四、一年生に「皇太子は国民の税金で世界旅行をしやがって、六百万円の自動車を買いやがって」といった。

『親への反抗』……「十八才までは親は子供を養育する責任がある。しかし子供は親の面倒を見る責任はない。欲しいものがあったら何でもうんと親にねだること、そして要求が通るまでがんばれ」と教えている。子供はことごとに親に反抗するようになった。

これを読みながら、読者の皆さんは、こうしたことが五十年前から現在まで続いているのだという印象を持たれたと思う。毎年繰り返される卒業式・入学式での国旗・国歌の扱いをめぐる現場の問題、都下国立二小の校長土下座事件などは、いずれも児童・生徒の自主性などではなく、担任教師の指導よろしきを得た結果である。これらを貫くものは今も昔も反日・反体制の国家観である。

次に、こうした事態がなにゆえ今日まで克服されなかったかについて述べる。

偏向教育の事例

わが国が独立を回復して二年後、第十九回国会において、教育の政治的中立確保をめざすいわゆる教育二法案（教育公務員特例法一部改正および義務教育諸学校における教育の政治的中立の確保に関する臨時措置法）が大きな政治問題となった。理由は言うまでもなく、前述のごとき事例及び日教組自体の政治活動が教職員団体としての範囲を逸脱しているとの批判からである。

昭和二十九年三月の衆議院文部委員会での審議の経過を抄録する。

大達文部大臣「義務教育諸学校における教育の政治的中立確保法案の所期するところは義務教育学校において教育基本法の期待するような正しい政治教育が行われることを保障するにあります。すなわち、第一条に規定しておりますように、この法律は、教育基本法の精神に基き、義務教育諸学校における教育を党派的勢力の不当な影響または支配から守り、もって義務教育の政治的中立を確保するとともに、これに従事する教育職員の自主性を擁護することを目的とするものでございます。

しからば、どのような方法によってその目的を達成するかと申しますと、この法律案の第三条に規定するように、何人についても義務教育諸学校の教育職員に対し、児童生徒に対して、特定の政党を支持させまたはこれに反対させる教育を行うことを教唆し、または煽動することを禁止しようとするのであります。……

次に本法の違反行為に対しては罰則を設けておるのでありまして、第四条に示すように前条の規定に違反した者は、一年以下の懲役または三万円以下の罰金に処するとなっております。そして第五条において本法の違反行為を論ずるにあたっては、それぞれの学校を所轄する機関の請求をまって論ずることといたしました。……

次に教育公務員特例法の一部を改正する法律案につきまして、提案の理由並びにその内容の概略をご説明いたします。公務員の政治的行為につきましては、……国立学校の教育公務員と公立学校の教育公務員との間には、現在法制上顕著な差が設けられております。……しかしながら教育は、国民全体に直接責任を負って行われるべきものであり、一地方限りの利害に関することではないのでありますから、……公立学校の教育公務員の政治的行為の制限につきまして、これを国立学校の教育公務員と同様の取り扱いをしようとするものであります。」

教育二法案に対して、日教組は支持する左右両派社会党とともに院内外から反対運動を展開した。これに対し自由党は「日教組は容共色の濃い政治団体である。従ってこの支配下に日本の教育をおくことは出来ない、そのためには日教組の活動を封ずる両法案が必要である。」とした。

衆議院文部委員会の審議の経過の中で、文部省は「偏向教育の事例」二十四件を委員会に提出した。

一、山口日記、山口県教組によって出版された『小学生日記』及び『中学生日記』で、その内容に、再軍備反対、平和条約批判、軍事基地反対、反資本主義、社会主義賛美などである。

二、旭丘中学校、京都の同中学校で約一年間にわたり、再軍備反対、皇室誹謗《ひぼう》、政府攻撃、親への反抗奨励などの教育が行われたことに対して父母が立ち上がった。

三、京都大将軍小（前掲略）

四、和歌山県和深村第一小、二十八年十一月四日「働く人」という題で現代の資本主義社会を批判させ、社会主義社会建設への意欲を高める教育を行った。

五、岩手県姉体村中の一教諭、赴任以来、あらゆる機会に階級意識、階級闘争を煽動し宣伝する教育を行った。

日教組はこれら具体例について、事実無根のデッチ上げと主張したが、年史でも明かのように、日教組自らがこの事実を裏付ける主張を繰り返していた。

次に委員会における質疑の要点を紹介する。

骨抜きにされた教育二法案

世耕委員「私は教育の中立性ということは間違った言葉……むしろ教育の中正、公平であるというべき立場が、すなわち教育の本来のありかただと思う。」

大達文相「……基本法八条の二項に、特定の政党を支持し、又はこれに反対するための教育というような言葉を用いております。つまり政治的良識ある公民たるに必要な政治的教養を与える、このことを阻害し、もしくはその限度を越えて特定政党に偏った教育、これをしてはならぬということがありますので、その意味において政治的中立という言葉を使っておるのであります。」

世耕委員「現在の日本教職員組合の実態であります。世間では日本教職員組合なるものを私設文部省なりと言うております。……私設文部省であろうが、公設であろうが、われわれはかまわぬ。真理を探究されるのであり、真理を教育面に表わすのであるならば、名目のいかんにかかわらず賛成でありますが、世間ではかなりの非難が起こっておる。……日教組の内容をご調査なさったことがあるかどうかひとつお聞きしたい。」

大達文相「……教育の問題につきましては非常に大きな問題でありまして私どもはきわめて重大な関心を持っておるのでありますが、日教組に対してその実情ことにその内情を調査するということはひじょうに困難であります。」

世耕委員「……教育を中心とした団体が、外部に対して秘密を守るということは、はなはだけしからぬではないか。教育は純正公平なものだ。しかも純情無垢な普通教育を先生が担当している。その組合が秘密主義を守るということ自体が、すでに世間の疑惑を持つものではないか。……私の調べた範囲をご参考までに申し上げますが、そもそも日本の教職員組合結成当時の歴史を見ますと、多分に共産党の幹部が侵入しておったという事実がここにある。……」

大達文相「ご承知の通り、共産党はいわゆる合法政党であります。しかしながらその党員の動きというものは、きわめて表面に現れない形で動いておるようであります。……これは私の記憶によるのでありますが、当初の日教組内においては相当の共産党分子が入り込んでおった。これが一時はレッド・パージによって相当減ったのであります。……今日では正式党員としても、大体レッド・パージ当時のところまでは回復しているようであります。」
世耕委員「共産分子の尖鋭分子が侵入している日教組がはたして教育的に純正公平、政治的に見て中立性が維持できるかどうかということが考えられる。日教組の中にまじめな教員が、私の推定するところでは少なくとも八割あるだろう。あとの二割が不良分子だ。二割の不良分子が結局八割の善良な純真な教育者を冒瀆しているということになりますと、これは文部省としても、知らぬ存ぜぬで高見の見物は許されないのではないか、……思想的に自分のイデオロギーに従わなかった教員をなぐる、ける、あるいは吊るし上げをする、しまいには転職、休職あるいは辞職勧告というようなことが全国各所に行われておったという事実が報告されております。」
大達文相「……共産党が日本の学校教育の上に日教組というものを通じて共産党に偏った教育をするように持っていこうとするようなことがありはしないか、……日本の教育というものに中立を破るような影響を与えることがありはしないかということに関心をもっておるわけであります。」
世耕委員「次に申し上げたいのは、日教組と社会党左派の関係であります。これは是非聞いておいていただかなければならぬことがあります。それは何かと申しますと、日教組が社会党の左派へ相当多額な金をみついでおる。過般の四月の選挙だけでも一千万円が公にされておるのであります。まだ他の党にも出してないかよく調べてみたところ、どうも他の党には不幸にして見当たらない。左派一辺倒であったのです。……さような一辺倒の党派の人が、日本の教員を一丸として教育にあたらしめるということは少し行き過ぎじゃないか。……文部省の指令は遺憾ながら徹底しないけれども、日教組の指令なら至る所に活動を開始している。現に今日の教育に関する法律案に関するところの反対運動というものは、もう津々浦々至らざるところなしという活発な活動状態を呈しておるのであります。……」

大達文相「日教組が社会党左派一辺倒であるというふうに申されましたが、なるほどそう言えばそう思われる。また見ようによっては、日教組の書類によると、社会党左派というよりは、日教組自身が日政連という政治団体をつくっておる。つくってはおるけれども、ほとんど異名同体であると私は断定する。日教組自身であります。……日教組という特殊な一種の政党である。……日教組の書類によると、日教組は教育委員の選挙にあっても六十数名を公認して、五十八名の当選をかち得たということを報告しております。」

世耕委員「それから日教組の幹部の選挙違反事件で、北海道において逮捕されたものが百三名、任意出頭七百名というのが表に載っております。全国を通じてはたいへんなものです。……」

大達文相「選挙にあたって教職員の間に多数の選挙違反容疑の問題がありました。……選挙の時に教員が選挙運動に狂奔するのみならず、選挙違反までもするというようなことがあることは、私は非常に遺憾に存じます。……教員として自重した態度によって公正な教育に専念してもらいたい、こういうふうに思いますから、この度の特例法の一部改正の法律を提出したわけであります。」

世耕委員「……今の日教組の行き方を資料によって調べてみますと、中立性というものはすでに喪失されている。その証拠には、電産、炭鉱のストの応援に学生を連れて出掛けて行って大騒ぎをし、警察問題までしでかしてけが人まで出している。……ここに至っては、もう中立性の論議必要なし、かように考える。むしろ日教組解散命令をいつの時期にやるべきかというところまで飛躍しはせぬか。これは解消して、もう一ぺん新たなる姿で日教組の現れることがむしろ必要である。」

大達文相「……私は日教組が職員団体として、その勤務条件の向上改善、こういうことを目指して、組合員の経済的な向上をはかられることは、まことにけっこうである。また教育者の団体として、日本の教育を向上するためにいろいろ教育についての研究を進められて、そうして真に教育者団体としての立場を持って社会の発達に寄与せられる、これは一番望ましいことであると思うのであります。」

自由党の世耕代議士は大学の総長として独立回復後の日本の教育の再建に尽力するなかで、日教組の政治的偏向が日本の教育と日本の将来にとって重大な危機となるとの認識から、この教育二法案の成立に全力を注いだ。

三月二十六日、衆議院本会議において、自由党、改進党及び日本自由党の保守三派は法案を一部修正（法案を臨時措置法とするなど）して二百五十六対百三十七の多数をもって可決した。しかし同法案は、参議院において緑風会より、刑事罰を適用せず、現行法どおり懲戒処分のみとする修正案が提出され、参議院本会議はこれを議決した。保守三派は、これは二法案をまったく骨抜きにするものであるとして、三分の二によって衆議院案の議決を目指したが実らず、参議院修正案どおりとなり、六月十三日施行された。以後、本法案の目指した教育の政治的中立確保は所期の目的を達するには至らなかった。

二 『うれうべき教科書』の問題

教科書にあらわれた偏向教育とその事例

昭和三十年（一九五五年）八月、民主党の教科書問題特別委員会は『うれうべき教科書の問題』をまとめ、発表した。第一集のテーマは「商品化されてしまった教科書の実情」、第二集は「教科書にあらわれた偏向教育とその事例」、第三集は「日本の教科書に対する日共と日教組の活躍」である。

このうち、第二集の「教科書にあらわれた偏向教育とその事例」から一部を紹介する。

「一　教科書にあらわれた四つの偏向タイプ

よもや、と思われることであるが、不幸なことに、いまの日本の教科書は、……おそるべき偏向に侵されている。それは、世の中では、「赤い教科書」の出現といっているものである。これらの教科書は、おもに、日教組の講師団に属する学者先生たちによって書かれているのだという。

日教組の講師団とは、日教組が毎年一回ひらく、教育研究大会の講師たちで、各方面の学者たちを集めており、なかには共産党員もいるといわれる。

これらの講師団の学者たちは、一面では、日教組の教育研究大会の運営に、大きい発言力をもっている。そればかりでなく、その反面では、教科書の著作にもあたり、両面から、日本の教育に大きい力をもっているといわれるのである。いままでの調べによると、日教組の講師団に属する学者たちの書いた教科書には、つぎの四つのタイプがある。

すなわち、第一は、教員組合運動や日教組を無条件に支持し、その政治活動を推進するタイプ。

第二は、日本の労働者が、いかに悲惨であるかということをいい立てて、それによって急進的な、破壊的な労働運動を推進するタイプ。

第三は、ソ連・中共を、ことさらに美化し、讃美して、自分たちの祖国日本をこきおろすタイプ。

第四は、マルクス＝レーニンの思想、つまり、共産主義思想を、そのまま、児童に植えつけようとしているタイプ。」

第一のタイプについては次の事例が指摘されている。

「この教科書（宮原誠一編『高校一般社会』実教出版）は、さながら労働組合運動のテキストみたいなものである。……この教科書は、教員組合を、教育委員会と同じように、『教育を民主化するための機関』と説いている。……教育委員は、国民が、……直接選挙によって選んだものであり、教育委員会は、その委員によって組織されている『公的』な機関である。ところが、教員組合は、教職員たちが、自分たちの利益のために組織している『私的』な団体であって、法律によれば、教職員の給与や勤務条件について、当事者と談合することにある。

教職員が、自分たちの私的な運動をかざるため、児童たちに、誤った考えを、植えつけようというのは、教壇を利用して、教員組合運動をおしひろめようとすることにほかならない。もし、この教科書がそれをねらっているのなら、まさに許し難いことといわなければならぬ。

さらに……『教員組合は労働組合であるから……』と書いてあるが、これも法的には許されない。日教組は総評に加入して、労働組合のように、ふるまっている。……教員組合は職員団体であって、断じて労働組合ではない。……日教組は目的達成のために、教育委員会の委員や、国会や地方議会の議員に教員の代表を送っている、と説いているが、国会や地方議会の議員や教育委員は、それを教員組合が、どれほど支持したにしても、けっして教員たちや教員組合の代表ではない。」

教育基本法第八条が定める「良識ある公民たるに必要な政治的教養」を労働組合のテキストのような教科書で身につけることはできない。質の高い民主政治は **well informed public**（良き情報を得て賢明な選択ができる公民）によって支えられるのである。

第二のタイプで指摘されている内容も、資本主義社会を否定し、急進的な労働運動を煽動する内容となっているとしている。

第三のタイプは、現在問題になっている自虐史観で、今も昔も変わらない。これは冒頭紹介した「太平洋戦争史」と唯物史観の合体した記述で、まさに「贖罪《しょくざい》のパンフレット」のような教科書である。

第四のタイプ、マルクス＝レーニン主義の平和教科書では、「平和は社会を変えなければほんとうにはありえない」として、「社会をどのように改善するか、その工夫と努力」が力説されていると指摘している。前述でも触れたように、資本主義勢力は戦争勢力で、社会主義勢力は平和勢力という図式は、日本の左翼一般の思考パターンであった。

廃案となった教科書法案

昭和三十一年、第二十四通常国会に教科書法案が提出されたが、これは教育委員を公選制から任命制にする「地方教育行政の管理運営に関する法律案」で与野党が激突したため、その巻き添えとなって審議未了廃案となった。しかし、清瀬一郎文相は行政措置として、検定調査審議会の強化、常勤調査員の配置、教科書センターの新設などを行った。

以後の教科書問題の推移を見ると、ここで指摘された問題が未解決のまま戦後を引きずり、これに近隣諸国の内政干渉が加わって、一層悲惨なものになってきていると思わざるを得ない。

この問題について当時のマスコミの論調を紹介する。

「民主党が『憂うべき教科書の問題』というパンフレットを発表して以来、小、中学校の教科書をめぐって大きな波紋をまきおこしている。……このパンフレットの中の教科書の偏向に関する例は、一部分をとりあげて全体を偏向ときめつけたり、誤解や認識不足に基づいた議論が多く、その意味ではくだらない騒ぎを起こしたと言える。……我々は教科書問題を、くだらぬ偏向論議でこれ以上政治問題化して混乱させたくない。中教審は、その超党派的性格を堅持して、世人の納得する公正な結論を出すことを望みたい。……教科書問題に関連して残念に思うことは、教育が政争の具に使われる傾向が近年著しいことである。フランスのように、左右の政党が対立している国でも、初等教育の教科書や教育内容の問題はおこらず、教組と文部省がことごとに対立することはない。これは良識で解決できる問題だということを示している。教科書問題に関する限り、民主党政調会には良識が不足しているといえるが、それだけに、中教審は公正な結論を出す責任を負っている。」　（毎日社説、昭三〇・一〇・一〇）

新聞のデスク自身が思想的に偏向していれば、教科書の実態について問題意識を持たないのは当然であるが、すくなくとも不偏不党を看板にするのであれば、この論調はひどすぎる。フランスの例を出しているが、フランスの教員団体は日教組のような反体制・反国家の組織ではない。共通の価値観と基盤を持っているがゆえに、政治的な対立はあっても、良識による解決が可能なのである。革命志向の当時の日教組とは比較にならないのである。ちなみに、フランスの教員団体に「教え子を戦場に送るな」などという反国家的スローガンがあるだろうか。

三　教育委員会制度をめぐって

教育委員公選制の問題点

ＧＨＱ／ＣＩＥ主導による戦後教育改革の柱は、教育基本法の制定、学校教育法（六・三制学制改革）と並んで、教育委員会制度の導入である。これは、それまでの視学官制度に代わって、教育の地方分権化、公選制による独立した教育行政、不当な支配を受けない制度的保障などを目指すものであった。

これは「教育使節団報告書」の第三章「初等及び中等学校の教育行政」の項、

「公立の初等及び中等教育の管理に対する責任は都道府県及び地方的行政区画（即ち市町村等）に任せらるべきである。各都道府県に教育委員会または機関が設立され、そしてそれは政治的に独立し、一般民衆の投票の結果選出された代議的公民によって構成されるように勧告する。」

による。

昭和二十三年七月十五日、第二回国会において「教育委員会法」は成立し公布された。日教組はその翌々日、指令第四号を発して各府県教組に教育委員選挙対策委員会を設置することを指令した。この中で、選挙に際して行う宣伝活動（ビラ、ポスターその他）、公聴会、研究会の開催、候補者・推薦候補の至急決定、定員の半分以上を獲得することを目標とすることなどが指示されていた。

当初、ＧＨＱは文部省を頂点とする中央集権的な教育体制を打破するために、教員組合の結成、活動の奨励を行っていたが、現職の教員が組合の代表として教育委員選挙に立候補することを認めてはいなかった。それは、教育使節団報告書の「われわれは、各市町村に人民の投票により選出された『専門家にあらざる教育機関』（lay education agency）を設置することを勧告する」との趣旨に反するものであることと、特定のイデオロギーを支持している教員組合が教育委員会を支配することは、「不当な支配」を禁じた教育基本法の精神にも反するとの立場からであった。日教組はこの立場に真っ向から対立し、アメリカ流の素人による委員会ではかえって官僚支配を容易にするとし、さらに教育委員会で多数を制することが、教職員の生活と権利、児童・生徒の教育の民主化にとって極めて重要であるとした。

教育委員会選挙をめぐるGHQと日教組の対決を『日教組十年史』は次のように記述している。

「東京都民生部（軍政機関）は、『これらの立候補者はすべて左翼政治機関のメンバーとして公認された者であり、政治的党派で教育委員会を利己的、かつ非民主的にぎゅうじろうとしているのは悲しむべきことである』と声明、この日教組・民主団体の運動に干渉を試み、保守系の立候補を激励するに至った。同民生部はさらに、『……委員会が教員のみで構成されるのはすこぶるおとなげないことである。こうなると、教育の管理権はすべての投票者の数からみるとごく少数にすぎない日教組の手に握られてしまうだろう。……』と、あらわに日教組の名を出して、中傷してきた。……さらに同民生部フォックス少佐は、『東京における教師の圧力的グループが教育委員会の支配権を握ろうとして、さかんに画策している。東京の教員組合は、選挙を完全に利己的な労働問題にしようと全力をあげている。そして、都教組は教育民主化を助けるどころか、むしろこれを妨害した左翼分子にはっきりと加担してきた』等々、すこぶる強圧的な侮辱的な言葉で、選挙干渉の声明を発表するに至った。また、GHQのCIE教育部長マーク・オアが、フォックスほど激越ではないが、教育委員にふさわしくないと思う人々の要素を列挙し、その中で教育委員になることにより経済的利益を受けようとする人などと並んで、労働団体や政治団体に属してその利益を社会の利益よりさきにおく人を数えあげ、あんに日教組の組合員、共産党員などの立候補を制圧するような声明を行った。……同民生部のホーリングスヘッド大佐は……都教連執行委員会に出席して、はっきりと組合員の立候補をやめよと勧告を行うに至った。……当時は、神奈川県でも立候補妨害事件があり、報告された。こうして、都では一三名の大量辞退者を出さねばならなくなったが、全国では、一五六六名の立候補者中、現職教員一七七名、教組役員一〇名が立っていた。もっとも日教組組合員として立ったのは八〇名である。

かくて一〇月五日行われた全国四六都道府県、五大都市の教育委員選挙では、教職員組合推薦またはこれに近い民主団体推薦の候補者中、八〇名が当選し、北海道などの二四県では推薦立候補者のことごとくが当選した。福岡のごときは、二年委員と四年委員各二名、計四名が、北海道、千葉などの七県では、各三名が当選したのである。

そして、各地方で、当選した教育委員を強力に押して、すでに結んでいる団体協約を府県庁に認めさせることや、政令二〇一号で団体交渉権を奪った後は、もう行わなくてよいのかのごとく放置されている業務協議会を再確立すること、教育長・指導主事の任命に組合の意志を反映させること、などが推進された。」

やや長い引用になったが、この記述から明らかなことは、現在でもなお問題となっている組合による現場支配や人事への介入などが、選挙によって教育委員会を支配したこの時から始まったということである。

そもそも、わが国の教育行政の根幹にかかわる大改革を、法案の成立・公布からわずか八十日で選挙実施に踏み切らせたというのは、拙速ではなく暴挙というべきである。民主主義の育成を標榜《ひょうぼう》しながら、新制度に対する国民への周知期間をほとんど置かなかった結果、教育の人民管理を目指す日教組の格好の餌食《えじき》となったと言っても過言ではない。

平成六年、教育委員会月報（五二四号）で文部省は、東京都中野区における教育委員の準公選条例の廃止に関連して、公選制による教育委員選挙の問題点を次のように述べている。

①選挙が実質的には、しだいに政党を基盤に行われがちになったこと。そしてその選挙活動から生じる政治的確執が教育委員会の運営にそのまま持ち込まれるおそれが多分にあったこと。
②委員にふさわしい人格、識見を備えた人というよりは、強力な推薦母体を持った人が当選しやすかったこと。また、それらの団体が、代表者として送り込んだ委員を通じて教育行政をコントロールしようとする傾向がうかがわれること。
③住民の関心が薄く、他の公職選挙に比較して棄権率が相当に高く、公選制の意義が生かされなかったこと。

その後、教育委員の選挙は昭和二十五年十一月、二十七年十月に実施された。公選制最後の選挙はわが国が独立を回復した直後であったが、都道府県と市町村の投票率の全国平均は五九・八％であった。この低投票率とともに、制度の趣旨からすれば問題とされたのは、九六二七町村、組合三三のうち、無投票の町村が四九一七、組合一六で、全町村の五割までが無投票だったことである。

こうした状況に加え、地方行政の実務の立場から、一般行政と教育行政が分離されるため行政の総合的運営が困難になるとし、自治体首長へ責任を集中させるべきとの見解が地方六団体等から提起された。

教育委員会制度の見直し

昭和二十八年一月、岡野清豪文相は中央教育審議会第一回総会に「戦後教育全般の見直し」を諮問した。その中で教育委員の選任方法の再検討を盛り込んだ。その後、九月に地方制度調査会が教育委員会制度について、委員の任命制、予算原案送付権の廃止を答申した。

昭和三十年十一月の保守合同のもとで成立した第三次鳩山内閣は、翌年三月「地方教育行政の組織及び運営に関する法律案」を「教科書法案」とともに国会に上程した。
衆議院文教委員会に提出された法案の提案理由の趣旨は次のとおりであった。

一、地方公共団体における教育行政と一般行政との調和をすすめ、教育の政治的中立と教育行政の安定を確保すること。

二、国、都道府県、市町村としての教育行政制度を樹立すること。

三、文部大臣や都道府県教育委員会の積極的な指導的地位を明確にすること。

この提案理由の趣旨に基づき、教育委員会制度は具体的には次のように改められることとなった。

①教育委員の選出は地方公共団体の長が、議会の同意を得て任命することとした。（人数は都道府県、市町村とも五人、町村は条例で三人も可）

②教育長は教育職員免許状を有しなくともよいこととされた。

③都道府県教育長は文部大臣の承認を得ることが必要とされた。

④市長村立学校教員の人事権は都道府県教育委員会にあることが明記された。
⑤予算条例案の二本立て制度が廃止され、地方公共団体の長の総括の下におかれることとされた。

この法案に対しては、日教組をはじめ全国都道府県教育委員会協議会など二十七団体が連名で反対声明を出した。矢内原東大総長ら在京十大学学長は「文教政策の傾向に関する声明」を行った。この中で「教育は時の政治の動向によって左右されてはならず、教育の制度と方針は政争の外において安定せしめるべきである」と述べているが、既述したように、教育委員会制度そのものが既に発足以来、日教組をはじめとするイデオロギー集団によって支配されている実態については一言も触れていない。

こうした中で両法案は五月段階で衆議院を通過し、参議院に送付された。政府は参議院での両法案の通過は困難との判断から「地方教育行政法案」一本にしぼっての成立を期した。参議院段階においても議事は混乱し、ついに参議院議場に警官隊を導入するという国会史上未曾有の異常事態の中でこの法案は成立し、六月三十日公布された。

十月一日施行されたこの法律について、清瀬文相は教育長会議において、新しい教育委員会の確立のため次のような要望事項を示した。
一、教育の政治的中立の原則
二、道徳教育の強化
三、教育環境の改善
四、教育行政における秩序の確立

警官隊を導入して参議院で強行採決された教育委員会法案（昭和31年６月２日）

占領下、軍政という強権によって実施された諸施策の中で、教育委員会制度はＧＨＱの意図とは異なり、日教組など左翼陣営の拠点となっていった。わが国としての民主主義の発展過程の段階を踏むことなく、地方分権、教育の一般行政からの独立、公選の委員による教育の民主化という、教育改革の理念を先行させたことが失敗の原因だったと思う。

新世紀に入って、教育委員会活性化の論

議が高まってきた。占領期の遺物の手直しではなく、わが国の国情と地域社会の実態に則した、新たな教育行政のありかたを検討すべき時である。

第六章　幻の「天野勅語」

新しい勅語の作成

「吉田首相がしきりに『愛国心』を唱えはじめていました。昭和二十五年一月一日には、憲法第九条戦争放棄について、マッカーサーの、『相手側からの攻撃に対する自己防衛権をまったく否定したのではない』という、憲法第九条も相手と場合によりけりだといわんばかりの『年頭所感』がで、それとならんで吉田首相は、『国家再建に忠たるべきだ』と強調、さらに同年十月には、新聞協会に出席して、現在の教育に『愛国心教育が欠除している』ことを指摘する演説をおこないました。それから一か月後、全国各地区から、小・中学校長九十九名を集め、『今後の教育上の留意点は愛国心と独立心の徹底にある』ことを訓示しました。

ＧＨＱからは、祝祭日に君が代斉唱・国旗掲揚を許す、というよりも奨励されました。校長は、『国旗掲揚塔がまた生きるのか』と、校長室の窓ぎわでつぶやいていました。

国旗掲揚塔は、校長室のまえ、アカシアの木のちかくにありました。大きなコンクリート造りで、こわすこともできずに残されていました。職員会議で話し合って、『あのうえに拡声器をおいて、音楽放送をしよう』ときまり、図工主任の先生が、翌朝はもう、器用なデザインの浅い箱形の拡声器をとりつけていました。放送クラブがはやくもできて、登校時や下校時、昼休みに音楽が校庭いっぱい、いや、校庭からつづく農村部一帯にまで流れていました。やがて、その放送用具がほかにうつされて、PTAの役員数人が、ふとく高い杉の国旗掲揚の柱をたてました。

おなじころ、天野文相は、全国都道府県教育長協議会での道徳教育問題の検討のとき、『社会科は結果として社会的モラル育成の機能を果たさなかったとみる。教育勅語にかわる平易で親しみある『教育要領』のようなもので国民の精神教育の基準をつくりたい』と言明し、社会科改訂と新しい勅語の作成を示唆しました。」

（荻野末著『ある教師の昭和史』より）

マッカーサーが日の丸を解禁したのは、昭和二十四年の元旦からである。当時、これを期に各戸に日の丸が掲げられ、学校では入学式・卒業式だけでなく、運動会や朝礼でも国旗の掲揚を行った。

この本が書かれた昭和四十年代はじめ、日教組の方針は日の丸・君が代全否定になっている。ちなみに沖縄の本土復帰の運動においては、日の丸を掲げ、日の丸鉢巻きでたたかったことは事実である。

天野《あまの》貞祐《ていゆう》はカント学者で旧制一高の最後の校長だった。第四次吉田内閣の発足にあたり、首相は三顧の礼をもって天野を文相に迎え入れた。当時、日教組は教員免許法改正問題で再三にわたって天野文相と会見しているが、その印象について、その都度誠意ある態度で応対し、学者らしい誠実味を感じたと記している。

安倍文相とＧＨＱ／ＣＩＥダイク局長との会見の中で、前に紹介したように、当初ＧＨＱは教育勅語について、日本の教育改革の中では、それほど重視していたとは思えない。しかし、教育基本法制定段階では、日本側が教育勅語の存在を念頭にＣＩＥと折衝していたにもかかわらず、結果としては昭和二十三年、衆参両院において廃止及び失効確認の決議（資料編八参照）がなされ、教育勅語と教育基本法という車の両輪のうちの一方が否定されたため、本来、教育基本法に示されなければならなかった国民道義の基本が欠落することになった。

独立回復を前に、吉田首相は教育勅語に代わる教育宣言を識者を集めて策定したい意向をもっていたが、ＧＨＱの圧力もあって進展せず、天野文相に期待を託した。

天野文相はその期待に応えるために、使命感を発揮して随所で国民道義の高揚の重要性を語った。

昭和二十五年十一月の都道府県教育長会議での発言や、翌年十月の参議院本会議での「国家の道徳的中心は天皇」という発言、さらに「静かな愛国心」など、左派全盛の当時の言論界・政界の状況の中で非難が集中した。

撤回された国民実践要領

昭和二十六年十一月の衆・参両議院における質疑は次のようなものであった。

天野文相「国民実践要領という名前も私は実は不適当かも知れません。実は新聞界の長老が私に福沢先生の修身要領というのを貸して下さって、こういうものを一つ参考にしたらどうだと私に言われた。この修身要領という言葉に引き込まれて、修身要領ではないから、これは実践要領というのはどうかというような考えをしたのですが、その名前はどうでもよろしいのであります。一般の考え方として、私の考えでは何かこういうものが参考になりはしないかということなんです。その考え方の一番の根本にはこう言うことがあるのです。……戦時中或いは戦前は、国家あって個人と世界とを知らないのです。だから私は個人の人格、そういうことを主張し、又国家だけではなくして、国家は世界の国家であるということを主張してきたわけでございます。戦後になるというと、或いは個人と世界とを知って国家は知らないというような傾きがある。新聞社のかたがこの間も私に言われたのですが、もうたくさんの投書がきて、何が自分らは祖国なんだか、ちっともわからない、こういうことを言っておられる。だから私はそれに対して、現在は個人と世界だけでなく、やはりそれを媒介する国家というものが必要だ、そういう観念が必要だということを自分は考えておるわけなんです。そういう根本の考え方で、人がただ国家だけしか知らないときには、個人の尊厳を主張し、又個人と世界だけで自国を忘れるという風があるときは、自国を主張するというのは我々哲学学徒の任務じゃないかと自分は考えておることがその一番の根本にあるわけであります。」

岩間正男「……日本の戦前の体制においてどうであったか、天皇をいわば一つの神格に押し上げて、これを利用することによって、いわゆる天皇制というような形におきまして、あらゆる場合天皇の御名ということによって行った。そうしてご承知のように戦争もあのように天皇の御名によって大戦の詔勅が出された。ご承知のように、これによって非常に日本の今日の敗戦を来した。天皇はまさにこれは戦犯として指摘されておる。ここまで追い込んでおる。ここまで追い込んだ責任は誰が負うのであるか。これは誰が負うかと言えば、これはやはり天皇を担ぎ回って、そうして必要以上に天皇を利用した連中が負わなければならないのであります。然るに今の体制の中にはっきりそういう形がすでに復古調として現れつつある姿を私は見るのであります。……」

天野文相「天皇を利用して、そうして自分らの勝手な野望を遂げようというようなことには、私も微力ではあるけれども戦時前から反対して来ておる人間であります。岩間さんのような議論を私は戦前、若しくは戦時中聞きたかったと思う。誰も言わないのです、こういうことを、我々微力な者だけが少し言ったのです。そして今日においては、私はそういう天皇を利用するとか、天皇の神格化とか、そういうことは実にあり得べからざることだと考えております。ただ私が道徳的中心と言ったことは、これはこの委員会においてもそういう意味ではないのだ、天皇は宗教的であってもいけない権力的であってもいけない、天皇は親愛の中心でなければならない。この親愛というのは人と人の関係だからこれを道徳的と言ったのです。……」

笹森順造「……戦後日本の教育の中から修身科というものが除かれたことによって、社会科の授業だけではどうしても道徳振興には資せられないという不自由さを感ずる、こう言う教育者の言を聞くのでありますが、はたして文相もそうお感じになっておるかどうか。

アメリカから参りました第二回の教育使節団の報告を見まするとと、一体国民の道徳というものは、いわゆる日常の家庭生活、社会生活、学校生活の間から、お互いに訓練、鍛練されるうちに人と人との関係が結び上げられる、この人格と人格との倫理の関係であり、従って一つのステロタイプの型を押しつけるべきではないという意見でありますが、文相はどちらを一体お考えになっておるか。……そういう道徳基準のようなものをつくるよりは、数千年間、多くの人々の間に愛読されましたところの、東西の聖賢の聖典のようなものを学校の中で十分に研究するように勧めた方がよろしいのではなかろうか。……」

天野文相「……現在教育勅語が妥当性を持っておりませんから、何か一般の国民が自分からそれを守って行くというような形の基準があることもよいのではないかという考えで、それを研究いたしているわけでございます。私は決して道徳要領というようなものを教育勅語と同じにするとか、またかえるとかいうような意味ではなくして、もっと平たく、親しみのあるわれわれの日々の生活基準というような考えでおるのでございます。……社会道徳というものを主体とした社会科というものは、時代に即したものだと思います。けれども、なお非常に不十分なところがありますので、そういう点を改めて行きたい。……教育というものは、決して道徳教育とか人間啓発ということを離れてないのですから、すべての人が道徳教育を受け持たなければならないのですが、特にそういう学科もあってよいのではないかと思うのでございます。」

（第九回臨時国会　衆議院昭和二五・一一・二五の質疑）

深川タマエ「……日本は敗戦後、国家思想が御破算になりまして、これに代わるべき徳育の基準がはっきりいたしておりません。従いまして青少年は心のよりどころを失いまして、或る者は左傾し、或る者はアプレゲールにその日を暮らす人が増えて参ります。……欧米におきましてはクリスチャンの国でありますので、日曜日に教会で子供が徳育されますが、日本ではそういう慣習のないところに特に文部大臣のご考慮を煩わさなければなりませんが、日本の学校におきましては早く徳育の基準を設けて再教育しなければならないと同時に、社会において極力子供の成長に差し支えないように、社会環境の整備が大切だと存じます。近頃十八才から二十一才ぐらいの子供が凶悪犯罪をいたしますにつけまして、漸く世人はあの世代の子供には何か共通した欠陥があるのではないかという疑いを持ち始めました。……去る十月二十日頃読売新聞の記者によりまして「はたちの倫理」というのが取り扱われております。……青少年の不良化の原因がどこにあるかということを徹頭徹尾追求しようとする態度でありまして、新聞が社会を指導しようとする熱心な現れであって、誠によいことであると思っておるのでありますが、あれの中において子供は、何がよいか何が悪いことであるかにつきまして、もう少し早く教えてくれていたら、こういうことにならなかったと告白していることは、正にこの頃の学校の徳育の欠陥を物語るものであろうと存じます……」

（第九回臨時国会　参議院昭和二五・一一・二九）

十一月二十六日から開かれた参議院文部委員会公聴会においても、九人の参考人の意見は、「国民実践要領」（資料編九参照）についてほとんどが反対であった。文相はこうした国会論議をうけて十一月二十七日「要領」を撤回した。

批判者の多くは「国家による道徳の押しつけに反対」「政治が悪いから社会が乱れる」「天皇が道徳の中心だという内容は論理的に矛盾する」などの論陣をはった。一方、対案については「市民道徳など新しい倫理を求める努力を無力なものにする」として、具体的には何も示さなかった。

十二月一日の朝日新聞の社説は、

「ちかごろ、教育勅語のような道徳教育の基準になるものが欲しいとか、修身科を学校教育に復活させたいというような希望なり、意見なりが、政治や教育に直接責任のある人々の口から伝えられて、論議の的となっている。文部省でも修身科の設置について検討するそうであるが、いまにぎやかにかわされている賛否両論に耳をかすと、どうも勅語とか修身という古い観念や言葉にこだわっていて、問題の中心を空回りしているきらいがないでもない。

例えば、教育勅語であるが、勅語にはなるほどいまなお守らねばならない道徳上の教えもあるが、問題はそれのもつ基本的な思想と、もう一つはそれが文字の行列にすぎなかったところにある。そのよい面にしても、それを学校で暗記させ、式場で読み上げるだけでこと足れりとしていたのではなかったか。教育勅語とならんでかっては軍人勅諭というものがあった。それを丸暗記させられた軍人がどういうふうであったかは、国民が一番よく知っている。文字の行列や言葉の丸暗記が、何の役にもたたないことはこれで明らかである。道徳教育に画一的な「よりどころ」を作ろうとする危険は、まずここにあることを考えてみなければならない。

……道徳教育は学校だけの問題では決してない。就学前の幼児から正しいしつけがなされなければならないし、学校でいかに道徳が教えられようとも、社会がこの教えに背反していては効果は殺される。正直者が損をする社会があるのでは、正直であれとの学校の教えが何にもならないことになる。つまり道徳教育は、修身科を設けることで簡単にすむものではなくて、社会と学校と家庭とが力を合わせることによって、はじめて目的が達せられることを強調したいのである。」

教育勅語の成立経緯はいうまでもなく、幕藩体制から国民国家として統合される過程で作られたものであり、朝日が基本的な思想を問題にしているのは、教育勅語全否定の立場と捉えざるをえない。次に「軍人勅諭丸暗記の軍人がどうであったか、国民が一番よく知っている」というのは、どういうことか。「太平洋戦争史」が描く醜い日本軍人を指しているのであれば、時代を経ても名誉は守られなければならない。

さらに「正直者が損をする社会があるのでは、正直であれとの学校の教えが何にもならない」とは、天下の公器といわれる新聞としては無責任極まる論理である。そもそも、人間社会には不正が横行しているという認識から社会規範・道徳論が出ているのであって、すべての人が行って法を越えない社会であれば、道徳は必要ない。

最後に「社会と学校と家庭とが力を合わせることによって、はじめて目的が達せられる」としているが、戦後のあらゆる教育問題の結論はすべてこれである。「社会と学校と家庭」を持ってきて一巻の終わりというパターンの繰り返しになっている。当面どこが何をするのかという具体的な方策が示されなければ、単に責任を拡散させてしまうだけである。

いま、「国民実践要領」を読み返して感ずることは、国会答弁をめぐって非難が集中する中で、あえてこれを公表した文相の使命感である。「哲人文相」の面目躍如たるものがある。内容においても、時を経て今日なお新鮮な提起である。

第七章　政治集団化への道

一　勤評闘争がもたらしたもの

「勤評規則の全国的制定を強行して、激しい勤評闘争となるや、政府は、『あなたは管理職ですよ』と、七パーセントの手当を校長に支給しました。これは、まったくしいられた管理職であり管理職手当でした。

はじめは、おもはゆがっていた校長たちも、『くれるものは、もらうさ』となり、そして、『管理しているのだから、これくらいは』と後退し、『管理職だから当然だ』となって、はてはおくめんもなく、七パーセントから十パーセント、十二パーセントへとひきあげの要求をだし、その運動をはじめました。

教頭も、全国教頭大会をひらいてそれを要求し、間もなく実現させました。こうなると、学校の管理体制ははてもなく深まり、当然の結果として、校長は子どもや教師の集団からはなれていきました。……

『校長はもう教師でなくなっている』という何人かの発言のなかに、『（権力の）末端というけれど、末端にもなっていないのではないか』という教師の発言もあって、わたしは、権力支配のきびしさと、いまや、権力の走狗《そうく》となっているきのうまでの『同志』の、遠くかけはなれていく足音を感じていました。」

（荻野末著『ある教師の昭和史』より）

前述の「地方教育行政の組織及び運営に関する法律」は昭和三十一年六月公布され、その第四十六条に勤務成績の評定として、「県費負担教職員の勤務成績の評定は、地方公務員法四十条一項の規定に関わらず都道府県教育委員会の計画のもとに市町村教育委員会が行うものとする」と定めている。一般に公務員の人事考課に関しては地方公務員法によって勤務評定は当然のこととして実施されてきたが、教職員に関して、これが実施される段階で戦後教育史の中で一時代を画する事態となったのはなぜか。

私は日教組が教育基本法第十条（教育行政）の「不当な支配」を教育行政の教育現場へ

の介入と受け止め、現場を聖域化してきた結果ではないかと思う。米国教育使節団もGHQ／CIEも基本的には「教育権の独立」という立場には反対しており、第十条に関しては、教育委員会制度による地域住民による管理を想定していたのである。それは、住民の意思とは無関係に学校が運営されることを懸念したためである。ましてや特定のイデオロギー集団が教育の政治的中立を侵す事態になれば、これこそまさに「不当な支配」そのものである。

愛媛における勤務評定の実施は、当時の県の財政事情から教職員の昇給・昇格ストップの手段として行われたという一面の理由はあるとしても、愛媛県教組の政治闘争における力量への対抗措置としての側面が大きかったと思う。日教組は組織の単位としての職場を軍隊の「分隊」にならって「分会」と呼び、これを闘争の拠点とし、従って職場に対する行政の介入を排除することを組織防衛の基本としていた。

勤務評定の実施は、この行政が現場に「土足で踏み込んできた」との危機感から、「教育防衛と称する組織防衛の闘い」として、四年度にわたる闘いを展開し、全国的には多くの県で「勤評後遺症」ともいうべき組織問題を残して終息した。

今日、教職員の勤務成績に関しては、国民的な関心も高まり、教育改革国民会議も教育現場に優秀な教員を配置して教育の建て直しを図ることを提起している。

この章の冒頭紹介した荻野末の文章からは、戦後しばらく続いた人民管理の学校から校長を中心とした学校運営へと転換をはかり、校長には職責に応じた手当てを支給し、設置者である市町村教委とともに勤評を実施した経緯が述べられているが、当時学校には教育の専門職者としての良い意味での誇りがあり、行政の介入に対しては心情的に反発していたことも事実である。

勤評闘争はこうした現場の二つの側面、すなわち教育の専門職集団としてのプライドと分会の組織防衛の立場によって闘われたといえる。従って各県段階の闘いも、ストライキによる実力行動でこの方針を阻止しようとする県と、教育論で話し合いで解決を図ろうとする県とに分かれた。世上「神奈川方式」と呼ばれたのは後者である。

この闘争の結果、多くの県で組織離脱者を出し、冒頭の文章にもあるように、多くの職場で校長・教頭が日教組を離脱した。教育現場は学校と分会、管理職と組合員という対立の構図が出来あがった。それまでの教育一家的な一枚岩の構造はなくなり、「校長組合」的な組合運動（校長会主導）から、校長をも権力の末端として敵対視する運動へと日教組運動は変質していった。

二　ＩＬＯ八十七号条約批准を契機に

既得権の侵害をめぐって

日教組は「六〇年安保闘争」以後、賃金闘争に運動の重点を移し、労働基本権奪還を掲げＩＬＯ（国際労働機関）への提訴を行うとともに、人事院勧告の完全実施を求めてストライキを含む実力行動を指導した。政府はＩＬＯの勧告を受け入れ、同時に関係国内法の改正によって、以下に述べる問題点の解消を図った（昭和四十年）。これは公務員関係組合からすれば、関係当局との間に結ばれた協定によって、既得の権利となっている事項の侵害となり、法律の形骸化によって組織防衛を図ろうとしたもので、各県段階において交渉が行われた。組織内からは労働基本権奪還を追求するあまり、既得権を失う事態に対して「藪をつついて蛇を出す」結果になったとの批判も出た。

ＩＬＯ八十七号条約（結社の自由及び団結権の保護に関する条約）批准という労働基本権をめぐる経過は、建前としては国際的な労働運動の水準に達したかに見えたが、本音の部分では、労使の癒着によってしか組織の脆弱《ぜいじゃく》性をカバーすることができなかったことを示している。日教組は自らの運動の正当性をしばしば「国民とともに」という言葉で語るが、今、その国民は日教組に対して多くの疑問と不信感をもっている。不正常な組合活動と反日的なスローガンを掲げる政治集団としての日教組に対して、地方議会から反撃の狼煙《のろし》が上がっている。自立する組合活動と職能的な集団としての信頼回復なしには日教組運動の明日はない。

「文部広報」昭和四一・六・二三号には関係諸法規の改正に関して次のように述べている。

「ＩＬＯ条約第八十七号は、ＩＬＯ事務局に批准の登録をした日の一年後に当たる本年六月十四日からわが国について発効した。また、この発効と軌を一にして、国家公務員法、地方公務員法、教育公務員特例法の一部改正が同日から施行された。これら諸法規の改正は、すでに昨年の第四十八国会で成立し、同年五月十八日に公布されたが、改正規定の大部分を占める職員団体に関する改正規定は、条約発効の本年六月十四日までを目途として一時施行を延期し、その間に、内閣総理大臣の諮問機関として総理府に新たに設けられた公務員制度審議会で検討することとされていたのである。

……答申の内容は、在籍専従制度に関する規定についてはその施行を一応見合せ、それ以外の未施行規定は六月十四日から施行するというものであった。……

〈改正の内容〉

今回施行されることとなった未施行規定の内容は、すべて公務員の職員団体に関するものであるが、その概要は次の通りである。

一、職員団体の組織について

職員団体の構成員となる資格についての制限を緩和し、職員が主体となっていればよいこととするとともに、役員となる資格については、一切の制限をなくした。

また、管理職員等と一般の職員とは同一の職員団体を組織することができず、これらの職員が混在しているものは職員団体とは認められないこととなった。

この管理職員等の範囲は、公立学校の場合には国立学校の職員の例に準じて人事委員会または公平委員会規則で定めることとされており、国立学校の職員について定める人事院規則は間もなく制定される予定である。

二、職員団体の登録について

……登録団体となるためには原則として同一地方公共団体の職員のみで構成されて

いる必要がある。公立学校の教員については、都道府県単位で連合体または単一団体のいずれでも登録団体となることができることとされた。……

三、職員団体の交渉について

正常な労使間の交渉を確保するために、交渉のルールについての基本的事項を定めた。たとえば、いわゆる管理運営事項は交渉の対象とできないこと、交渉の当局は交渉事項について適法に管理しまたは決定できる地方公共団体の当局であること、……

四、在籍専従制度について

在籍専従の期間を職員の期間を通算して三年に限るとともに休職扱いとし、退職手当ての期間に算入しないこととした。……

傍線部分は、関係国内法の主要点であり、①労働団体の自主運営、②労使の相互不介入の原則、③正常な労使関係の確立等を明確にしたものである。

さらに、改正法の趣旨については次のように述べている。

「わが国においては、教員の勤務評定、学力調査、教育課程講習会などの問題をめぐって、長年教員の労働運動が教育界の混乱を招いていた。

八十七号条約の発効と関係国内法の施行を契機として、教員及び使用者側の双方が労使関係の正しいあり方を認識することによって、近代的労使関係が確立されることが期待される。そのことは、とりもなおさず、学校教育の正常な運営と教職員組合の発展につながるものである。」

組合と行政の癒着

しかし、これに対する自治労、日教組の動向に警戒感を抱いた自民党は、都道府県支部に対して「改正地方公務員法の厳正な運用について」通達を発した。

対処の要点は、(一)管理職員等の完全な組合離脱、(二)有給で組合業務に従事する場合の制限、(三)交渉手続きの励行、(四)非登録団体に対する在籍専従者の不許可等で、改正国内法の形骸化を阻止する狙いがあった。

「……管理職員等の完全な離脱は、法の命ずるところである(地公法五十二条三項)。これによって自治労を離脱すべき職員は全国で二ないし三万人、日教組を離脱すべき校長、教頭は全国で約四万人と推定される。……日教組は『一般職員と管理職組合とを別々に形式的に結成し、それぞれが登録を行い在籍専従者を確保したうえで、両者が非登録の連合体を形式的に結成して、実質的には現行体制のまま活動を行う』方針である。これは、まさに違法行為遂行を企画しているにも等しい。……なお脱退後の校長会、教頭会を職員団体に切り替える必要はなく、世人は教育者団体としての校長会、教頭会にこそ期待していることを力説し、その機運を醸成する。

……組合の業務は公務以外の業務であり、このことのために公務員の本来の業務を阻害してはならないことは当然であるが（地公法三十五、五五の二）、現実には公私混同の風潮が強い。……日教組はこの点について『従来の労働慣行をさらに改善する基本方針で対処し』、組合諸会議へ参加措置要求大会、動員参加、非専従のオルグ活動等をすべて有給で行うことを指示し、さらに個々人としての措置要求または陳情、請願は勤務時間中にも賃金カットを受けず権利行使できると指示しているが、このようなことを認めること、あるいは『任命権者がとくに認める場合』等と条例に規定することは法の趣旨に反することであり、絶対認めるべきでない。なお一方、当局側にも、このような要求に寛大であろうとする者がいるが、これは間違った態度であり、法の精神に反するものである。

……日教組は『在籍専従を確保し、非登録団体として活動をすすめる』方針である。当局者の黙認によって従来の在籍専従者がそのまま非登録団体の在籍専従者に移行しないよう留意し、もしその事実があれば警告する。」

しかし、自民党の通達が懸念したように、都道府県のおかれたそれぞれの議会の勢力分野、労働界の状況、労使の力関係等によって多くの自治体において「既得権」は守られてきた。今日、ようやく労使の癒着に国民の関心が高まり問題が明らかにされつつある。

東京に例をとれば、美濃部都政以来、事前に校長に申請の手続きをとれば、給与を貰いながら組合活動を行うことができた。これを「ながら条例」という。年休を建前としている自治体においても、「鉛筆年休」とか「破り年休」と称する年休制度の悪用が組合と行政の癒着の中で行われてきた。都道府県教組は昭和四十年代から協定によって、これを既得権として今日まで行使してきた。組合にとって、勤務時間内に有給で組合活動を行うことが組織強化につながるとの認識であった。しかし、これは公務員関係の組合の場合の論理であって、民間労組の場合、このような理屈は通用しない。給与も労働時間も税金で賄われる公務員関係労組と、使用者である自治体当局との間に身内意識がはたらいて、こうした癒着が進行してきたものである。

職能集団から政治集団へ

この闘争の結果、校長・教頭は日教組から離脱し、独自の歩みをはじめた。勤評闘争の項で述べたごとく、組織は労働組合としての路線を明確にし、政治集団化していった。「社会的、経済的、政治的地位」の確立のため、五五年体制の一方の社会党との関係を強化し、各級段階の議会に組織代表を送り込むことに総力を上げた。その背景には、組合役員にプロの専従者が増加し、現場意識から遠ざかり、専ら反執行部勢力との闘争に終始するようになったことがあげられる。

日教組大会はマスコミから「社共代理戦争」と呼ばれる様相を呈した。その結果、運動方針はよりイデオロギー色の濃いものとなり、先鋭化していった。さらに、社会党との一体化が進む中で、社会党内の路線対立が組織内に持ち込まれ、これが各県組織に波及した。具体的には運動方針をめぐってより教条的になり、妥協を許さないものとなっていった。「日の丸・君が代」反対が平和と民主教育の看板として掲げられ、反体制・反国家的なスローガンを競って並べるようになった。

日教組の十年刻みの年史を読めば、組織結成以来、一貫して平和と民主教育を追求してきたというのは虚構である。年史編纂は時の執行部の方針に基づいており、政治情勢を反映している。昭和四十年を前後して、既に述べた状況から、日教組運動は専門職集団から政治団体へと質的転換を遂げたということではないかと思う。荻野末の『ある教師の昭和史』も、こうした背景において書かれたものである。

第二部　新たな思想闘争のイデオローグとして

第一章　日教組の分裂と組織実態

八〇年代、労働界では民間主導の労働団体の再編・統一の機運が高まった。これに日教組・自治労など公務員関係労組も加わったナショナルセンターの構築が現実化する中で、日教組組織内では統一推進の社会党系主流派とこれを右翼再編と批判する共産党系反主流派が激突し分裂状態となった。

平成元年（一九八九年）、日教組は日本労働組合総連合会（連合）に正式に加盟したが、これを契機に共産党系反主流派は全日本教職員組合協議会（全教）を結成して分裂した。これは後に日本高等学校教職員組合左派（十三県派）と統合して全日本教職員組合として全国労働組合総連合（全労連）に加盟した（三十一県構成）。

昭和二十二年六月組織結成以来四十二年にして分裂し、教育支配の歴史は曲がり角を迎えた。昭和三十三年、日教組は全教職員の八六・三パーセントを組織化していたが、分裂時点では四六・七パーセントに落ち込み、平成十七年では三〇パーセントを割り込んだ（全教七・三パーセント）。

公立学校教職員の年齢構成は徳利を逆さにしたようになっている。徳利の底の部分が団塊の世代で日教組運動を支えてきた世代である。ここ両三年でこの世代が定年退職する。一方、新採用教職員の組織加入率は一八パーセントと低迷し、このままでいくと日教組の組織率が一〇パーセント台になることは避けられない。

ここで、国の教育政策に対する反対闘争史を要約すると以下のようになる。

（一）勤務評定反対闘争―昭和三十二〜三十四年
（二）教育課程反対闘争―昭和三十三年
（三）全国一斉学力調査反対闘争―昭和三十六〜三十七年
（四）主任制度化・手当支給反対闘争―昭和五十〜五十二年
（五）臨時教育審議会路線反対闘争―昭和五十九〜六十三年
※昭和六十三年五月二十四日、臨教審関連六法案阻止闘争全国統一スト実施
（六）学習指導要領（国旗・国歌等）反対闘争―平成元〜七年

これらはいずれも国が教育基本法第十条の「不当な支配」を仕掛けてきたとして行われ

及ぶ。

昭和四十年代になると賃金闘争がこれに加わった。昭和四十一年以降同六十三年までに日教組、日高教左派が行った統一ストは三十五回に及ぶ。

（一）「賃金の大幅な引き上げ、人事院勧告の完全実施」―昭和四十一～六十年

※昭和四十九年四月には過去最高規模の全一日スト実施

（二）全国統一ストのほか、特別指令による各都道府県段階のスト実施

これらの闘争に参加した教職員は延べ六百八十二万人に上り、地公法上の懲戒処分者は八十四万人に達した。これらの処分者に対して日教組は損失分について、組織的な救援を行ってきた。平成十七年度の日教組予算によると、救援資金特別会計は約三十六億円で、この額は一般会計予算の二十七億円の約一・五倍に当たる。つまり救援資金の配分によって組織を維持している極めて異常な組織ということができる。

一方、日教組は長年の懸案であった法人格（混合連合団体）を平成九年に取得した。この条件として、規約から「争議行為」が削除されている。従って既に述べたようなスト戦術は行使できない組織となっている。にもかかわらず日教組は新規加入組合員からも一律に救援資金を徴収している。理由は「団結は最高の倫理」という大義名分である。

日教組組織率の長期低落と予想される激減の原因は反国家的な教育運動理論と闘争至上主義的な体質であり、その結果として組合員に対し過重負担を強い、教育現場から忌避されているからである。

しかし、一方において全国的な組織現況を見ると、平成十七年度文部科学省調査の結果では、十六道県において五〇パーセント以上の組織率を維持しており、それに満たないままでも八府県において教育界に大きな影響力を維持している。また、組織率の高い県における新採用教職員の組織化は高率を示している。教育現場では周りが皆組合員であれば、意識の問題ではなく、当然のことのように組織化されていく実態がある。

第二章　五五年体制の終焉と日教組

一　村山政権の出現

九〇年代初頭、ソ連の崩壊によって世界を東西に分けた冷戦構造が終焉《しゅうえん》した。我が国においては、国内の冷戦構造ともいうべき五五年体制による政治システムが末期的症状を呈し、様々な政治改革の試みがなされた。九〇年代において、政党・会派は二十六つくられ泡沫《うたかた》の如く消え、現在記憶の片隅に幾らかでも覚えている人が何人いるだろうか。

こうした混乱状況の中から、憲政の常道に悖《もと》る「村山自社連立政権」が成立した。万年野党の党首が一夜にして首相の座を手にしたのである。密教的な国体政治がある日突然顕教となって、国民の前に姿を現したという批評もなされた。

社会党は従来の安保・自衛隊違憲の政策を百八十度転換しこれを容認した。日教組は戦後一貫して護憲・平和の立場から「教え子を再び戦場に送るな」のスローガンを掲げてきたが、五十年間のこの運動の総括を行うこともなく、あたかも一卵性双生児の如く村山政権を容認した。と同時に従来の抵抗闘争路線を転換し、「参加・改革・提言」を掲げ、文部省との間で歴史的和解を演出した。以後の経過を見ればこれが一時的な政治的カムフラージュであったことは明らかである。

二　日教組運動方針の目指すもの

平成十七年（二〇〇五年）七月、日教組は二年間の運動方針を決定した。その特徴は—

（一）ジェンダーフリーの視点に立った教育の実践が大会スローガンに登場したこと。

〔家族崩壊を招くイデオロギーを教職員団体が提起する異常さ〕

（二）「子どもの権利条例」制定運動を進めるとしていること。

〔学級崩壊、不登校児童・生徒の増加を生む原因〕

（三）教育基本法改悪反対の取り組み。政府案上程を機に「教育の危機宣言」を発し、国会周辺に全国動員のデモをかけ、本会議、特別委員会審議への示威を行う。

〔基本的には現行教育基本法の擁護である。支持政党である民主党が独自案を国会に上程し、特別委員会において、政府案と同時並行的に審議が進められているが、直近の機関会議の議案には民主党案については一切触れていない。日教組の基本認識は「教育基本法の改正は憲法改正への一里塚」というものである〕

（四）「平和・人権」をめぐる取り組みについて、

ア・「国旗・国歌」については「内心の自由」を盾に強制反対であり、指導要領に基づく現場での指導を否定している。

イ・自衛隊違憲、基地撤去、反米親中路線を鮮明にしている。

〔自衛隊違憲は社民党の方針と同じで村山政権当時の方針を放棄している〕

ウ・「パリ原則」に基づく人権救済法の制定を掲げている。
〔部落解放中央共闘会議とともに、パリ原則に基づく実効性のある人権侵害救済法の第百六十四通常国会での成立を目指して取り組む〕

第三章　伝統・文化破壊の新たな思想運動

学習指導要領では学校行事の中、儀式的行事について「学校生活に有意義な変化や折り目を付け、厳粛で清新な気分を味わい、新しい生活の展開への動機付けとなるような活動を行うこと」と定めている。

卒業式については、国旗・国歌の扱いが問題となることが多いが、卒業式自体の問題が存在する。卒業式は本来、「卒業証書授与式」であり学校が主宰すべきものである。しかし、式の名称が「卒業を祝う会・卒業式」となっている学校が多数を占めている。式場の設営は小学校では舞台を使わず、フロア形式の所が多い。さらに、証書授与は男女混合名簿で全て「さん」付けである。男女別、氏名のみにすべきである。

式歌については、教師の指揮、伴奏のもと、全員起立して斉唱すべきものであるが、テープを流してお茶を濁すような学校が多い。他の式歌として「仰げば尊し」「蛍の光」は人生の節目として心に刻まれるものであるが、学校現場では絶滅危惧《きぐ》種となっている。それに取って代わって歌われるのは、子どもたちに人気のある流行歌である。これで人生の節目としての「厳粛さ」が思い出として残るだろうか。

さらに今様では、全員参加が主流で「呼びかけ劇」形式が多い。「卒業生総代」の答辞や「在校生総代」の送辞はない。平等主義教育の実践なのである。本来、学校が主宰して行われる卒業式の司会を児童・生徒に行わせている学校が多い。「子どもが主人公」という教育の実践である。「卒業を祝う会」では親子が無事卒業できて「良かった、良かった」と喜び合う会であり、「謝恩会」は絶滅に瀕している。卒業式で教師や親に対する感謝の念のない子どもたちが、やがて「荒れる成人式」の予備軍になっていく。

卒業式に内在する思想、教育論は「児童の権利条約」「男女共同参画基本法」がもたらしたものである。『病むアメリカ、滅びゆく西洋』の中で著者パトリック・ブキャナンは「自然にそうなった訳ではなく、まずそれを推奨する思想があり、次にそれを後押しする言論が盛んに展開され、その後に現象がついて来る」と述べているが、これはフェミニストの主張があり、これを支援するマスメディアによって社会現象となってきた状況を的確に表現している。直接的な行動による社会変革が困難になってきた状況に対して、伝統的な価値観や文化の否定を通して秩序破壊を目指すように方向転換を謀って得た成果が「児童の権利条約」であり、「男女共同参画社会基本法」なのである。一見、耳触りのよい表現でカムフラージュされているため、保守的な立場の人たちも受け入れてしまったということである。あとはこの思想は大手を振って独り歩きを始める。今、学校で起きている奇妙な現象は全てこれに起因する。この思想の鼓吹者は日教組であることは言うまでもない。日教組は直接的な体制変革の運動を転換し、新たな思想運動のイデオローグとなったのである。

一　「こどもの権利条例」がもたらしたもの

(一)　川崎市の事例―

〔前文〕「…子どもは、権利の全面的な主体である。子どもは、子どもの最善の利益の確保、差別の禁止、子どもの意見の尊重などの国際的な原則のもとで、その権利を総合的に、かつ、現実的に保障される。子どもにとって権利は、人間としての尊厳をもって、自分を自分として実現し、自分らしく生きていく上で不可欠のものである」とし、これを受けて第十一条〔ありのままの自分でいる権利〕が登場する。

①自分の考えや信仰を持つこと

②秘密が侵されないこと

③安心できる場所で自分を休ませ、及び余暇を持つこと

この条例は言うまでもなく「児童の権利条約」に基づいている。条約は子どものオートノミー〔自律性〕と市民的自由を保障している。その結果、社会的には、子どもは市民的・政治的権利を有し、あらゆる政策に対し意見表明と決定に参加することが認められる。日教組講師団は、この条約批准にあたって、「これからは、子どもは保護の客体から権利行使の主体となる」として、憲法の基本的人権条項の中、参政権と財産権を除く全てが保障されると主張した。

(二) 学校・家庭ではどのようなことが起きたか

〔学校〕子どもが学校の主人公となり、「児童中心主義」の教育論が一層幅をきかせるようになった。その結果、学校では、「指導」が「支援」になり、「教える」が「学ぶ」

側の立場を強調して「学ぶ権利」の尊重が重視されるようになった。「教師」も「支援者」の側になった。こうした風潮を助長するように「生徒人権手帳」が発行されている。

「生徒人権手帳」の一部を紹介する。

①飲酒・喫煙で処分されない権利、②学校に行かない権利（不登校の助長）、③集会・団結権、サークル政治活動の権利、④内申書を見てその記録を訂正させる権利⑤職員会議を傍聴する権利、⑥つまらない授業を拒否する権利、⑦妊娠、中絶、出産、結婚など如何なる事情によっても処分を受けない権利、これらの権利を紹介して、児童・生徒を唆し、学校・学級を崩壊させようとしている。

〔家庭では〕

①子どもが市民として、法的権利を有することとなる。（子どもは一人前の市民となる途上にある存在である）

②親は子どもの権利に敬意を払う義務を負うことになる。

③親は子どもの権利に対する遵守義務を怠ると、国家が親子の間に割り込んで、子どもの要求を十分聞くよう保障しなければならない。

④子どもの権利条約によって、親子関係は家族関係から法律関係になる。
⑤兄弟・姉妹の関係も法的に権利を競う対立者となる。
これらの結果として家族は崩壊する。

二 「男女共同参画社会基本法」制定以後

(一) 平成十一年六月、「男女共同参画社会基本法」が公布された。国民の多くは「男女平等」のことと受け止めていた。しかし、実際は「男女共同参画」と言う聞き慣れない言葉の意味は男女の区別や性別役割意識をなくすことを目的としている。和製英語である「ジェンダーフリー」はこのことである。日教組の「ジェンダーフリーQ&A」によれば「ジェンダーとは、生物学的な違いを示すセックスとは別に、長い歴史の中で社会的・文化的につくりあげられた性別を示す概念で、いわゆる『男らしさ』『女らしさ』です。このジェンダーを固定的に受け止めて、多様な個性を持つ人間を『男はこういうものである』『女はこうすべきだ』と決めつけてしまいがちです。その結果、個人の能力や個性の発揮を妨げるという危険性をはらんでいます」と述べている。さらに「男女混合名簿」の取り組みについては「男女別名簿は多くの場合、男子が先で女子が後になっています。このことが『男が先、女は後』『男が主、女は従』という価値観を知らず知らずのうちに伝えることになっています。『男女別名簿は区別であって差別ではない』という意見が根強くありますが『女性差別撤廃条約』（一九八五年批准）第一条には、性に基づく区別が差別になると定義しています。子どもたちを『男』『女』のかたまりではなく、『個』を尊重して育てることが重要なのです」と主張している。この記述から、「男女共同参画社会基本法」の制定は「女子差別撤廃条約」批准から出発していたことになる。キーワードは「区別は差別」である。

(二)　平成十四年、文科省委嘱の子育てパンフ「未来を育てる基本のき」が公表された。内容はジェンダーフリー教育の総集編とも言うべき代物である。これは幼稚園、保育所から広く学校教育全般に多大な影響を与えた。「男女共同参画社会基本法」第四条の「伝統、文化、慣習にある男女の区別をなくし、中性化せよ」との方針で貫かれている。摘発されている「らしさ」は次のようなものである。

①出産祝いの色や名前の付け方、②節句祝い、雛祭りのお雛さま、鯉のぼりと武者人形③ランドセルの色、服装、持ち物の色（男女別チェック）、④「〇〇さん」「〇〇くん」「男女混合名簿」はすでに全国制覇されている状況である。「〇〇さん」に統一されて

いる学校も多い。「男女混合名簿」はジェンダーフリー教育の入り口である。性差否定の立場から、カリキュラムの中に性差がないかチェックが行われた実践例が日教組の全国教研集会で報告されている。

さらに、平成四年小学校学習指導要領の三・四年生「体育」で初経・精通の記述が登場したことを契機に、「自己決定力」を養うためと称して性交の教育実践が行われるようになった。この「性の教育」に関して、日教組の「ジェンダーフリーQ&A」は「中・高生が〝援助交際〟に追いやられたり、性的人権侵害に巻き込まれることを防ぐのに必要・有効なのは性のタブー視や禁欲生活ではありません。セックスや妊娠、性感染症についての正しい知識と自らの性に関する自己決定の尊重とその力」と述べている。過激な性教育の実践が全国的に報ぜられている。低学年から副読本で詳細に性器を図解し、名称を教え込んだり、人形を使った性交の実践教育まで行っている。「Q&A」の「性のタブー視や禁欲生活ではない」という主張は「性交教育」の実態と向き合っていると言えるのか。子どもたちが学校で得た知識を実践して悲劇の原因になったケースも報告されている。学校教育に今求められているのは「こころの教育」を通して悲劇を招来させないことではないか。

㈢

「男女共同参画社会基本法」は「区別は差別」という基本認識に立っている以上、ジェンダーフリーの方向性を変えることは不可能である。男女の関係、夫婦の関係を支配、被支配という対立関係に変質させる思想を内包しており、この基本法は廃止させる以外の道はない。「児童の権利条約」に関しては、批准にあたって我が国の学校教育関係の諸法規及び民法、社会規範等を守る立場からの留保、解釈宣言がなされたとは言い難い。今「子どもの権利条例」制定が自治体において進められている。川崎市の条例は改廃すべきものと思う。子どもはやがて市民になるが、それまでは健全に成長を遂げられる社会環境の整備を行うことが自治体の責務である。これこそが「子どもたちの最善の利益」に適うものと思う。

日教組が進める「ジェンダーフリー」の運動や「子どもの権利条例」制定運動は結果として国や社会の伝統文化や家族の崩壊につながる破壊思想であることを再認識しなければならない。

資料編

一　新日本建設ノ教育方針

前田多聞文部大臣　昭和二〇年九月一五日

文部省デハ戦争終結ニ関スル大詔ノ御趣旨ヲ奉戴シテ世界平和ト人類ノ福祉ニ貢献スベキ新日本ノ建設ニ資スルガ為メ従来ノ戦争遂行ノ要請ニ基ク教育施策ヲ一掃シテ文化国家、道義国家建設ノ根基ニ培フ文教諸施策ノ実行ニ努メテキル

一　新教育ノ方針

大詔奉体ト同時ニ従来ノ教育方針ニ検討ヲ加ヘ新事態ニ即応スル教育方針ノ確立ニツキ鋭意努力中デ近ク成案ヲ得ル見込デアルガ今後ノ教育ハ益々国体ノ護持ニ努ムルト共ニ軍国的思想及施策ヲ払拭シ平和国家ノ建設ヲ目途トシテ謙虚反省只管《ヒタスラ》国民ノ教養ヲ深メ科学的思考力ヲ養ヒ平和愛好ノ念ヲ篤クシ智徳ノ一般水準ヲ昂《タカ》メテ世界ノ進運ニ貢献スルモノタラシメントシテ居ル

二　教育ノ体勢

決戦教育ノ体勢タル学徒隊ノ組織ヲ廃シ戦時的教育訓練ヲ一掃シテ平常ノ教科教授ニ復帰スルト共ニ学校ニ於ケル軍事教育ハ之ヲ全廃シ尚戦争ニ直結シタル学科研究所等モ平和的ナモノニ改変シツツアル

三　教科書

教科書ハ新教育方針ニ即応シテ根本的改訂ヲ断行シナケレバナラナイガ差当リ訂正削除スベキ部分ヲ指示シテ教授上遺憾ナキヲ期スルコトトナツタ

四　教職員ニ対スル措置

教育者ハ新事態ニ即応スル教育方針ヲ把握シテ学徒ノ教導ニ邁進スルコトガ肝要デアル、之ガ為メ文部省ニ於テハ教職員ノ再教育ノ如キ計画ヲ策定中デアル、尚復員者並ニ産業界軍部等ヨリノ転入者ニ対シテモ同様ナ措置ヲ計画シテヰル

五　学徒ニ対スル措置

勤労動員、軍動員ニヨル学力不足ヲ補フ為メ適当ナル時期ニ特別教育ヲ施ス方針デアル、又転学、転科等モ一部認メルコトトシテ目下具体案ヲ考究中デアル、尚陸海軍諸学校ノ在学者及卒業者ニ対シテハ前項ノ再教育ヲ施シタル上文部省所管ノ各学校ニ夫々ノ程度ト本人ノ志望トニヨリ入学セシメ之ヲ教育スルコトニ決定シタ

六　科　学　教　育

科学教育ノ振興ヲ期スルコトハ勿論デアルガ然シソノ期スル所ノ科学ハ単ナル功利的打算ヨリ出ヅルモノデナク悠遠ノ真理探求ニ根ザス純正ナ科学的思考力ヤ科学常識ヲ基盤トスルモノタラシメントシテヰル

尚学術研究会議ノ運営ニ付テモ平和日本ノ建設ト世界ノ進運ニ貢献スルガ如ク其ノ研究ノ促進ニ努メテヰル

七　社　会　教　育

国民道義ノ昂揚ト国民教養ノ向上ハ新日本建設ノ根底ヲナスモノデアルノデ成人教育、勤労者教育、家庭教育、図書館、博物館等社会教育ノ全般ニ亘リ之ガ振作ヲ図ルト共ニ美術、音楽、映画、演劇、出版等国民文化ノ興隆ニ付具体案ヲ計画中デアルガ差当リ最近ノ機会ニ於テ美術展覧会等ヲ盛ニ開催シタキ意嚮《イコウ》デアル

八　青少年団体

学徒隊ノ解散ニ伴ヒ青少年ノ共励組織ヲ欠クニ到ツタノデ新ニ青少年団体ヲ育成スルコトトシタ、新青少年団体ハ従来ノ如キ強権ニ依ル中央ノ統制ニ基ク団体タラシメズ原則トシテ郷土ヲ中心トスル青少年ノ自発能動、共励切磋《セッサ》ノ団体タラシムルモノデアツテ曩《サキ》ニ学徒隊ノ結成ニ伴ヒ解散セル大日本青少年団ノ如キモノヲ復活スルノデハナイ

九　宗　教

国民ノ宗教的情操ヲ涵養《カンヨウ》シ敬虔ナル信仰心ヲ啓培シ神仏ヲ体得セシメテ道義新日本ノ建設ニ資スルト共ニ宗教ニ依ル国際的親善ヲ促進シテ世界ノ平和ニ寄与セシメンガ為メ各教宗派教団ヲシテ夫々其ノ特色ヲ活カシツツ互ニ連絡提携シテ我国宗教ノ真面目ヲ一段ト発揮セシムルヤウ努メテヰル、尚近ク管長教団統理者協議会及宗務長会議ヲ開催シ其ノ徹底ヲ図ルコトトシタ

十　体　育

戦時中勤労動員ヤ疎開ニ依リ身心共ニ疲労シテヰル学徒モ相当多イノデ衛生養護ニ力ヲ注ギ体位ノ回復向上ヲ図ルト共ニ勤労ト教育ノ調整ニ重点ヲ置キ食糧増産、戦災地復旧等国民生活ニ関係深キ作業ヲ教育的ニ実施スル外明朗闊達ナル精神ヲ涵養スル為メ大イニ運動競技ヲ奨励シ純正ナ

スポーツノ復活ニ努メ之カ学徒ノ日常生活化ヲ図リ以テ公明正大ノ風尚ヲ作興シ将来国際競技ニモ参加スルノ機会ニ備ヘ運動競技ヲ通ジテ世界各国ノ青年間ニ友好ヲ深メ理解増進ニモ資セシメントシテヰル

十一　文部省機構ノ改革

叙上ノ諸方策ヲ実施スルガ為文部省機構ヲ改革スルノ要ヲ認メ既ニ学徒動員局ヲ廃止シ体育局、科学教育局ヲ新設シタノデアルガ更ニ第二次改革ガ考慮サレテヰル

二　政治的民事的及宗教的自由ニ対スル制限ノ撤廃ニ関スル覚書

一九四五年一〇月四日

一　日本帝国政府ハ政治的、民事的及宗教的自由ニ対スル制限並ニ人種、国籍、信仰又ハ政見ヲ理由トスル差別待遇ヲ撤廃スルタメ

(イ)　左記ノ事項ニ関スル一切ノ法律、勅令、省令、命令及規則ヲ廃止シ其ノ効力ヲ直ニ停止セシムルモノトス

(1)　天皇、皇室及帝国政府ニ関スル自由ナル討議ヲ含ム思想、宗教、集会及言論ノ自由ニ対スル制限ヲ設定又ハ之ヲ維持スルモノ

(2) 情報ノ収集及頒布ニ対スル制限ヲ設定シ又ハ之ヲ維持スルモノ
(3) 法令ノ条文又ハ其ノ適用ニヨリ人種、国籍、信仰又ハ政見ヲ理由トシテ特定ノ者ニ対シ不当ナル恩恵又ハ不利ヲ与フルモノ

(ロ) 上記ノ(イ)項ニ該当スル法規ハ左ノモノヲ含ム。但シ左ノモノニ限ラルルコトナシ
(1) 治安維持法(昭和十六年法律第五十四号、同年三月十日頃公布)
(2) 思想犯保護観察法(昭和十一年法律第二十九号、同年五月二十九日頃公布)
(3) 思想犯保護観察法施行令(昭和十一年勅令第四百一号、同年十一月十四日頃公布)
(4) 保護観察所官制(昭和十一年勅令第四百三号、同年十一月十四日頃公布)
(5) 予防拘禁手続令(司法省令第四十九号、昭和十六年五月十四日頃公布)
(6) 予防拘禁処遇令(司法省令第三十号、昭和十六年五月十四日頃公布)
(7) 国防保安法(昭和十六年法律第四十九号、同年三月七日頃公布)
(8) 国防保安法施行令(昭和十六年勅令第五百四十二号、同年五月七日頃公布)
(9) 弁護士指定規定(昭和十六年司法省令第四十七号、同年五月九日頃公布)
(10) 軍用資源秘密保護法(昭和十四年法律第二十五号、同年三月二十五日頃公布)
(11) 軍用資源秘密保護法施行令(昭和十四年勅令第四百四十三号、同年六月二十四日頃公布)
(12) 軍用資源秘密保護法施行規則(昭和十四年陸海軍省令第三号、同年六月二十六日頃公布)
(13) 軍機保護法(昭和十二年法律第七十二号、同年八月十七日頃公布、昭和十六年、法律第五八号ニ依リ改正)

⒁　軍機保護法施行規則（陸軍省令第五十九号、昭和十四年十二月十二日頃公布、昭和十六年陸軍省令第六、二〇及五八号ニヨリ改正）
⒂　宗教団体法（昭和十四年法律第七十七号、同年四月八日頃公布）
⒃　上記ノ法規ヲ修正、補足若ハ実施ニ関スル一切ノ法律、勅令、省令、命令及規則
(ハ)　左記ノ理由ニヨリ拘留、投獄、保護観察或ハ他ノ方法ニ依リ自由ヲ束縛サルル一切ノ者ヲ即時釈放スルモノトス
⑴　上記第一項(イ)及(ロ)ニ示サレタル法規ニ基クモノ
⑵　何等ノ指名ナキモノ
⑶　拘留、投獄、保護観察或ハ自由ノ束縛ノ真ノ理由ガ其ノ者ノ思想、言論、宗教、政見又ハ集会ニ存スルニ拘ラズ技術的ニハ軽微ノ犯罪ヲ理由トシテ其ノ罪ヲ問フ場合
(ニ)　上記第一項(イ)及ビ(ロ)ニ示サレタル法規ノ各条項ヲ遂行スル為ニ設置サレタル一切ノ組織又ハ機関、並ニ斯ル条項ヲ遂行スル上ニ於テ之ヲ補足若クハ援助スル他ノ官庁又ハ関係部局ハ機能ヲ廃止スベキモノトス、本項ノ適用ヲ受クルモノハ左ニ列挙スルモノヲ含ム、但シ之ニ限ラルルコトナシ
⑴　一切ノ秘密警察機関
⑵　内務省内ノ警保局ノ如キ出版物ノ取締、集会及結社ノ取締、映画検閲等ノ任務ヲ有スルモノ及思想言論、宗教及集会ノ統制ニ任ズル其他ノ部局
⑶　出版物取締、集会及結社ノ取締、映画検閲等ニ当ル警視庁ノ特別高等警察部、大阪府其他

ノ都市警察部、北海道庁警察部、及各府県ノ警察部並ニ思想言論、宗教又ハ集会ノ統制ニ任ズル他ノ各部局

(4) 保護観察、思想、言論、宗教又ハ集会ノ統制ニ当ル司法省内ノ保護観察審査会及之ニ隷属スル一切ノ保護観察所

(ホ) 内務大臣、内務省警保局長、警視総監、大阪府警察局長、(其ノ他ノ各都市警察署長) 北海道庁警察部長、各府県警察部長、(各都市) 北海道及各府県ノ特別高等警察課ノ全員、司法省保護観察審査会並ニ保護観察所ノ一切ノ官吏ヲ罷免スルモノトス。更ニ上記ノ者ハ総テ今後内務省、司法省其ノ他日本ニ於ケル如何ナル警察機関ニ於テモ再ビ登用サルルコトナキモノトス。上記ノ者ノ内其ノ援助ガ本指令ノ遂行ニ必要トサルル場合ニハ本指令ノ履行ガ完了スル時ニ至ルマデ其ノ職ニ止マリ、爾後罷免サルルモノトス

(ヘ) 警察官吏、警官若ハ他ノ中央乃至地方官吏又ハ雇員ハ上記第一項(イ)及(ロ)並ニ第一項(ニ)ニ依リ廃止サルベキ機関及機能ニ関シ今後如何ナル行動ヲ採ルコトモ禁止スベキモノトス

(ト) 如何ナル日本政府ノ法規、法律、勅令、省令、命令規則ニ依リテモ拘留、投獄、保護観察ヲ受ケタル一切ノ私人ニ体刑又ハ不当ナル待遇ヲ与フルコトヲ禁止スベキモノトス。斯ル者ニ対シテハ総テ常ニ身体保持ニ充分ナル栄養ヲ与フベシ

(チ) 第一項(ニ)ニ依リ廃止サルル機関ノ一切ノ記録其ノ他一切ノ資料ノ保存ニ必要ナル措置ヲ採ルベキモノトス。此等ノ記録ハ本指令ノ遂行ノ為ニ使用セラルベク其ノ破棄、移動、若ハ改竄《カイザン》ヲ行フコトヲ得ズ

(リ) 本指令ノ条項ニ遵《シタガ》ヒ採ラレタル凡《アラ》ユル、措置ノ細目ヲ示ス詳細ナル報告書ヲ当司令部ニ対シ昭和二十年十月十五日迄ニ提出スベキモノトス。此ノ報告書ハ別個ノ補足的報告ノ形式ニ依リ次ノ如キ特定ノ事項ヲ報告スルモノトス

(1) 上記第一項(ハ)ニ基キ釈放サルル者ニ関スル報告（拘留サレ又ハ釈放サレタル時ニ於ケル刑務所其ノ他ノ施設或ハ其ノ保護若ハ観察ヲ統轄スル官庁ニ依リ類別スルコト）

(い) 拘留若ハ入獄ヨリ釈放サレタル者若ハ保護観察ヨリ釈放サレタル者ノ氏名、年齢、国籍、人種及職業

(ろ) 拘留若クハ入獄ヨリ釈放サレタル者ニ対シ挙ゲラレタル罪状ノ種類又ハ保護観察ヲ行フル理由トシテ挙ゲラレタル罪状ノ種類

(は) 拘留入獄若クハ保護観察ヨリ釈放セラレタル者ニツキ其ノ釈放ノ行ハレタル日及釈放ヲ受クル者ノ予定スル住所

(2) 本指令ノ規定ニヨリ廃止サレタル機関ニ関スル報告

(い) 機関ノ名称

(ろ) 第一項(ニ)ニ基キ罷免サレタル者ノ氏名、住所及職名

(は) 凡ユル書類、記録其ノ他一切ノ資料ノ種類及所在地

(3) 刑務所機構及刑務所人事ニ関スル報告

(い) 刑務所機構ノ概要

(ろ) 凡ユル監獄、刑務所、拘置所ノ名称及所在地

(は) 凡ユル刑務所所員ノ氏名、官等及職名（刑務所長、副所長、看守長、副長、看守及刑務所医）

(4) 本指令ヲ遂行スルニ当リ日本政府ノ発セル凡ユル命令書（刑務所長及県庁官吏ノ発セルモノヲ含ム）

二　本指令ノ条項ニヨリ影響ヲ受ケル一切ノ日本政府官吏及其ノ従属者ハ本指令ノ忠実ナル遵守遂行ニ対シ各自責任ヲ有シ厳重ニ其ノ責任ヲ履行スルコトヲ要ス

三　幣原首相ニ対シ表明セル「マクアーサー」意見

一九四五年一〇月一一日

昭和二十年十月十一日幣原首相ニ対シ表明セル「マクアーサー」意見

「ポツダム宣言」ノ実現ニ当リテハ日本国民カ数世紀ニ亘リ隷属セシメラレタル伝統的社会秩序ハ是正セラルルヲ要ス右ハ疑ヒモナク憲法ノ自由主義化ヲ包含スヘシ

日本国民ハ其ノ心理ヲ事実上奴隷化スル日常生活ニ関シテノ有ラユル形式ニ於ケル政府ノ秘密審問ヨリ解放セラレ思想、言論及信教ノ自由ヲ抑圧スル有ラユル形式ノ統制ヨリ解放セラレサルヘカラス能率化ノ名ヲ藉リ又ハ其ノ必要ヲ理由トシテ為サルル国民ノ組織化ハ政府ノ如何ナル名ニ於テ為サルルモノモ一切廃止セラルルヲ要ス斯ル諸要求ノ履行及諸目的ノ実現ノ為日本ノ社会制度ニ対スル下記ノ諸改革ヲ日本社会ニ同化シ得ル限リ出来得ル限リ速ニ実行スルコトヲ期待ス

一、参政権ノ賦与ニ依リ日本ノ婦人ヲ解放スルコト――婦人モ国家ノ一員トシテ各家庭ノ福祉ニ役立ツヘキ新シキ政治ノ概念ヲ齎《モタラ》スヘシ

二、労働組合ノ組織奨励――以テ労働ニ威厳ヲ賦与シ労働者階級カ搾取ト濫用ヨリ己レヲ擁護シ生活程度ヲ向上セシムル為大ナル発言権ヲ与ヘラルヘシ、之ト共ニ現存スル幼年労働ノ悪弊ヲ是正スル為必要ナル措置ヲ採ルコト

三、学校ヲヨリ自由主義的ナル教育ノ為開放スルコト――以テ国民カ事実ニ基礎付ケラレタル知識ニ依リ自身ノ将来ノ発展ヲ形成スルコトヲ得政府カ国民ノ主人ニアラスシテ使用人タルノ制度ヲ理解スルコトニ依リ解答スルヲ得ヘシ

四、国民ヲ秘密ノ審問ノ濫用ニ依リ絶エス恐怖ヲ与フル組織ヲ撤廃スルコト――故ニ専制的恣意的且不正ナル手段ヨリ国民ヲ守ル正義ノ制度ヲ以テ之ニ代フ

五、日本ノ経済制度ヲ民主主義化シ以テ所得並ニ生産及商業手段ノ所有権ヲ広ク分配スルコトヲ保障スル方法ヲ発達セシムルコトニ依リ独占的産業支配ヲ是正スルコト

刻下ノ行政部面ニ就テハ国民ノ住宅、食糧、衣料ノ問題ニ関シ政府カ力強ク且迅速ナル行動ニ出テ疾病、飢餓其他重大ナル社会的破局ヲ防止スルコトヲ希望ス、今冬ハ危機タルヘク来ルヘキ困難克服ノ道ハ総テノ人々ヲ有効ナル仕事ニ就業セシムルノ他ナシ

四　四大教育指令

1　日本教育制度ニ対スル管理政策

連合国軍最高司令部ヨリ終戦連絡中央事務局経由日本帝国政府ニ対スル覚書　一九四五年一〇月二二日

一　日本新内閣ニ対シ教育ニ関スル占領ノ目的及政策ヲ充分ニ理解セシムル為連合国軍最高指令部ハ茲ニ左ノ指令ヲ発スル

A　教育内容ハ左ノ政策ニ基キ批判的ニ検討、改訂、管理セラルベキコト

(1)　軍国主義的及極端ナル国家主義的イデオロギーノ普及ヲ禁止スルコト、軍事教育ノ学科及教練ハ凡テ廃止スルコト

(2)　議会政治、国際平和、個人ノ権威ノ思想及集会、言論、信教ノ自由ノ如キ基本的人権ノ思想ニ合致スル諸概念ノ教授及実践ノ確立ヲ奨励スルコト

B　アラユル教育機関ノ関係者ハ左ノ方針ニ基キ取調ベラレソノ結果ニ従ヒ夫々留任、退職、復職、任命、再教育又ハ転職セラルベキコト

(1)　教師及教育関係官公吏ハ出来得ル限リ迅速ニ取調ベラルベキコト、アラユル職業軍人乃至

軍国主義、極端ナル国家主義ノ積極的ナル鼓吹者及ビ占領政策ニ対シテ積極的ニ反対スル人々ハ罷免セラルベキコト

(2) 自由主義的或ハ反軍的言論乃至行動ノ為解職又ハ休職トナリ或ハ辞職ヲ強要セラレタル教師及ビ教育関係官公吏ハ其ノ資格ヲ直ニ復活セシメラルベキコトヲ公表シ、且ツ彼等ガ適当ナル資格ヲ有スル場合ハ優先的ニ之ヲ復職セシムルコト

(3) 人権、国籍、信教、政見又ハ社会的地位ヲ理由トスル学生、教師、教育関係官公吏ニ対スル差別待遇ヲ禁止スル、而シテ叙上ノ差別待遇ヨリ生ジタル不公平ハ直ニ是正セラルベキコト

(4) 学生、教師、教育関係官公吏ハ教授内容ヲ批判的理智的ニ評価スルコトヲ奨励セラルベク、マタ政治的、公民的、宗教的自由ヲ含ム各般ノ事項ノ自由討議ヲ許容セラルベキコト

(5) 学生、教師、教育関係官公吏及ビ一般民衆ハ連合軍占領ノ目的及ビ政策、議会政治ノ理論及実践ニ就テ知ラシメラルベキコト、マタ軍国主義的指導者、ソノ積極的協力者ノ演ジタル役割並ニソノ消極的黙認ニヨリ日本国民ヲ戦争ニ陥レ、不可避的ナル敗北ト困窮ト現在ノ悲惨ナル状態トヲ結果セシメタル者ノ演ジタル役割ヲ知ラシメラルベキコト

C 教育過程ニ於ケル技術的内容ハ左ノ政策ニ基キ批判的ニ検討、改訂、管理セラルベキコト

(1) 急迫セル現情ニ鑑ミ一時的ニ其ノ使用ヲ許サレテキル現行ノ教科目、教科書、教授指導書ソノ他ノ教材ハ出来得ル限リ速カニ検討セラルベキデアリ、軍国主義的乃至極端ナル国家主

義的イデオロギーヲ助長スル目的ヲ以テ作成セラレタル箇所ハ削除セラルベキコト

(2) 教育アル平和的且ツ責任ヲ重ンズル公民ノ養成ヲ目指ス新教科目、新教科書、新教師用参考書、新教授用材料ハ出来得ル限リ速カニ準備セラレ現行ノモノト代ヘラルベキコト

(3) 正常ニ実施セラレツツアル教育体制ハ出来得ル限リ迅速ニ再建セラルベキデアルガ未ダ設備等不充分ノ場合ハ初等教育及ビ教員養成ヲ優先セシメルコト

二 日本文部省ハ連合国最高司令部ノ該当部局ト適当ニ連絡シ得ルヤウナ機関ヲ設ケ維持スルコト、而シテ連合国軍側ノ要求ニ応ジ本指令各条項ニ基イテ為サレタル実施事項ノ詳細ナル説明報告ヲ提出スベキコト

三 日本政府ノ官公吏、属僚ニシテ本指令各条項実施ニ関与スル者並ニ公立、私立ヲ問ハズ凡テノ教師及学校教職員ハ本指令ニ明示シアル政策ノ精神並ニ条文ヲ遵奉スル個人的責任ヲ負フモノトス

2 教員及教育関係官ノ調査、除外、認可ニ関スル件

連合国軍最高司令部ヨリ終戦連絡中央事務局経由日本帝国政府ニ対スル覚書　一九四五年一〇月三〇日

一 日本ノ教育機構中ヨリ日本民族ノ敗北、戦争犯罪、苦痛、窮乏、現在ノ悲惨ナル状態ヲ招来セ

シムルニ至リタル軍国主義的、極端ナル国家主義的諸影響ヲ払拭スル為ニ、而シテマタ軍事的経験或ハ軍ト密接ナル関係アル教員並ニ教育関係者ヲ雇傭スルコトニ依テ右思想ノ影響継続ノ可能性ヲ防止スル為ニ茲ニ左記ノ指令ヲ発ス

(イ) 軍国主義的思想、過激ナル国家主義的思想ヲ持ツ者トシテ明カニ知ラレテイル者、連合国軍日本占領ノ目的及政策ニ対シテ反対ノ意見ヲ持ツ者トシテ明ラカニ知ラレテイル者ニシテ現在日本ノ教育機構中ニ職ヲ奉ズル者ハ凡テ直ニ之ヲ解職シ今後日本ノ教育機構ノ中如何ナル職ニモ就カシメザルコト

(ロ) 右ノ外ノ者ニシテ日本教育機構中ノ一定ノ職ニ既ニ就イテイル者ハ今後新タナル指令ノアル迄文部大臣ノ裁量ニヨリ現職ニ留マルコト差支ナシ

(ハ) 日本ノ軍ニ今日猶アル者或ハ終戦後復員セシ者ニシテ今日日本ノ教育機構中ノ一定ノ職ニ現ニ就イテイナイ者ハ凡テ今後指令アルマデ日本ノ教育機構中ノ如何ナル職ニモ就任セシメザルコト

二 日本ノ教育機構中ノ一定ノ職ニ現ニ就イテイル者或ハ将来就カントスル者ノ内如何ナル者ガ日本ノ教育機構中ノ如何ナル職ヨリモ解職セラレ阻止セラレマタ禁ゼラルベキカヲ決定スル為ニ茲ニ左記ノ指令ヲ発スル

(イ) 日本文部省ハ教員並ニ教育関係官ノアラユル現任者及ビ希望者ヲ有効ニ調査シ、除外シ或ハ認可スル適切ナル行政機構及ビ措置ヲ設定スルコト

(ロ) 日本文部省ハ出来得ル限リ速カニ本指令条項ニ準拠シテ実施セラレタル諸措置ノ包括的報告

ヲ本指令部ニ提出スルコト
該報告ハ別ニ左記特定ノ報告ヲモ含ムベキコト
(ハ) 如何ニシテ一個人ガ教員或ハ教育関係官トシテ認容セラルベキカヲ精確ニ知リ得ル報告、並ニ一個人ノ留任、解職、任命、再任命ヲ決定スルニ当リテノ原則トナルベキ特定ノ基準表
(ニ) 教員及ビ教育関係官ノ調査、除外、認可ヲ行フ為ニ如何ナル行政的措置並ニ機構ガ設定セラルルカヲ明カニスル精確ナル報告
猶控訴セラレタル判決ノ再審査及ビ一度不認可トナリタル個人ノ再調査ヲ為ス場合、如何ナル規定ニ準拠スルカヲ明カニスル精確ナル報告ヲモ併セ提出スルコト
三 本指令ノ条文ノ適用ヲ受ケル日本政府ノアラユル官吏属僚及ビ官公私立ノ教育関係官ハ本指令ニ明ラカニサレタル方針ヲ完全忠実ニ守ル個人的責任ヲ有スル

3 国家神道、神社神道ニ対スル政府ノ保証、支援、保全、監督並ニ弘布ノ廃止ニ関スル件

連合国軍最高司令官総司令部参謀副官発第三号(民間情報教育部)終戦連絡中央事務局経由日本政府ニ対スル覚書 一九四五年一二月一五日

一 国家指定ノ宗教乃至祭式ニ対スル信仰或ハ信仰告白ノ(直接的或ハ間接的)強制ヨリ日本国民

ヲ解放スル為ニ戦争犯罪、敗北、苦悩、困窮及ビ現在ノ悲惨ナル状態ヲ招来セル「イデオロギー」ニ対スル強制的財政援助ヨリ生ズル日本国民ノ経済的負担ヲ取リ除ク為ニ神道ノ教理並ニ信仰ヲ歪曲シテ日本国民ヲ欺キ侵略戦争へ誘導スルタメニ意図サレタ軍国主義的並ニ過激ナル国家主義的宣伝ニ利用スルガ如キコトノ再ビ起ルコトヲ防止スル為ニ再教育ニ依ツテ国民生活ヲ更新シ永久ノ平和及ビ民主主義ノ理想ニ基礎ヲ置ク新日本建設ヲ実現セシムル計画ニ対シテ日本国民ヲ援助スル為ニ茲ニ左ノ指令ヲ発ス

(イ) 日本政府、都道府県庁、市町村或ハ官公吏、属官、雇員等ニシテ公的資格ニ於テ神道ノ保証、支援、保全、監督並ニ弘布ヲナスコトヲ禁止スル而シテカカル行為ノ即刻ノ停止ヲ命ズル

(ロ) 神道及ビ神社ニ対スル公ノ財源ヨリノアラユル財政的援助並ニアラユル公的要素ノ導入ハ之ヲ禁止スル而シテカカル行為ノ即刻ノ停止ヲ命ズル

(1) 公地或ハ公園ニ設置セラレタル神社ニ対シテ公ノ財源ヨリノ如何ナル種類ノ財政的援助モ許サレズ但シコノ禁止命令ハカカル神社ノ設置セラレ居ル地域ニ対シテ日本政府、都道府県庁、市町村ガ援助ヲ継続スルコトヲ妨ゲルモノト解釈セラルベキデハナイ

(2) 従来部分的ニ或ハ全面的ニ公ノ財源ニヨツテ維持セラレテキタアラユル神道ノ神社ヲ個人トシテ財政的ニ援助スルコトハ許サレル但シカカル個人的援助ハ全ク自発的ナルコトヲ条件トシ絶対ニ強制的或ハ不本意ノ寄附ヨリナル援助デアツテハナラナイ

(ハ) 神道ノ教義、慣例、祭式、儀式或ハ礼式ニ於テ軍国主義的乃至過激ナル国家主義的「イデオロギー」ノ如何ナル宣伝、弘布モ之ヲ禁止スル而シテカカル行為ノ即刻ノ停止ヲ命ズル神道ニ

限ラズ他ノ如何ナル宗教、信仰、宗派、信条或ハ哲学ニ於テモ叙上ノ「イデオロギー」ノ宣伝、弘布ハ勿論之ヲ禁止シカカル行為ノ即刻ノ停止ヲ命ズル

(ニ) 伊勢ノ大廟ニ関シテノ宗教的式典ノ指令並ニ官国幣社ソノ他ノ神社ニ関シテノ宗教的式典ノ指令ハ之ヲ撤廃スルコト

(ホ) 内務省ノ神祇院ハ之ヲ廃止スルコト而シテ政府ノ他ノ如何ナル機関モ或ハ租税ニ依ツテ維持セラレル如何ナル機関モ神祇院ノ現在ノ機能、任務、行政的責務ヲ代行スルコトハ許サレナイ

(ヘ) アラユル公ノ教育機関ニシテソノ主要ナル機能ガ神道ノ調査研究及ビ弘布ニアルカ或ハ神官ノ養成ニアルモノハ之ヲ廃止シソノ物的所有物ハ他ニ転用スルコト而シテ政府ノ如何ナル機関モ或ハ租税ニ依ツテ維持セラレル如何ナル機関モカカル教育機関ノ現在ノ機能ハ任務ノ行政的責務ヲ代行スルコトハ許サレナイ

(ト) 神道ノ調査研究並ニ弘布ヲ目的トスル或ハ神官養成ヲ目的トスル私立ノ教育機関ハ之ヲ認メル但シ政府ト特殊ノ関係ナキ他ノ私立教育機関ト同様ナル監督制限ノモトニアル同様ナル特典ヲ与ヘラレテ経営セラルベキコト併シ如何ナル場合ト雖モ公ノ財源ヨリ支援ヲ受クベカラザルコト、マタ如何ナル場合ト雖モ軍国主義乃至過激ナル国家主義的「イデオロギー」ヲ宣伝、弘布スベカラザルコト

(チ) 全面的ニ或ハ部分的ニ公ノ財源ニ依テ維持セラレル如何ナル教育機関ニ於テモ神道ノ教義ノ弘布ハソノ方法様式ヲ問ハズ禁止セラルベキコト、而シテカカル行為ハ即刻停止セラルベキコト

(1)　全面的ニ或ハ部分的ニ公ノ財源ニ依ツテ維持セラレ居ル凡テノ教育機関ニ於テ現ニ使用セラレ居ル凡テノ教師用参考書並ニ教科書ハ之ヲ検閲シソノ中ヨリ凡テノ神道教義ヲ削除スルコト

今後カカル教育機関ニ於テ使用スル為ニ出版セラルベキ如何ナル教師用参考書、如何ナル教科書ニモ神道教義ヲ含マシメザルコト

(2)　全面的ニ或ハ部分的ニ公ノ財源ニ依テ維持セラレル如何ナル教育機関モ神道神社参拝乃至神道ニ関連セル祭式、慣例或ハ儀式ヲ行ヒ或ハソノ後援ヲナサザルコト

(リ)　「国体の本義」、「臣民の道」乃至同種類ノ官発行ノ書籍、論評、評釈乃至神道ニ関スル訓令等ノ頒布ハ之ヲ禁止スル

(ヌ)　公文書ニ於テ「大東亜戦争」、「八紘一宇」ナル用語乃至ソノ他ノ用語ニシテ日本語トシテノソノ意味ノ連想ガ国家神道、軍国主義、過激ナル国家主義ト切リ離シ得ザルモノハ之ヲ使用スルコトヲ禁止スル、而シテカカル用語ノ即刻停止ヲ命令スル

(ル)　全面的乃至部分的ニ公ノ財源ニ依ツテ維持セラレル役所、学校、機関、協会乃至建造物中ニ神棚ソノ他国家神道ノ物的象徴トナル凡テノモノヲ設置スルコトヲ禁止スル、而シテ之等ノモノヲ直ニ除去スルコトヲ命令スル

(ヲ)　官公吏、属官、雇員、学生、一般ノ国民乃至日本国在住者ガ国家神道ソノ他如何ナル宗教ヲ問ハズ之ヲ信仰セヌ故ニ或ハ之ガ信仰告白ヲナサヌガ故ニ或ハカカル特定ノ宗教ノ慣例、祭式、儀式、礼式ニ参列セヌガ故ニ彼等ヲ差別待遇セザルコト

(ワ) 日本政府、都道府県、市町村ノ官公吏ハソノ公ノ資格ニ於テ新任ノ奉告ヲナス為ニ或ハ政治ノ現状ヲ奉告スル為ニ或ハ政府乃至役所ノ代表トシテ神道ノ如何ナル儀式或ハ礼式タルヲ問ハズ之ニ参列スル為ニ如何ナル神社ニモ参拝セザルコト

二(イ) 本指令ノ目的ハ宗教ヲ国家ヨリ分離スルニアル、マタ宗教ヲ政治的目的ニ誤用スルコトヲ防止シ、正確ニ同ジ機会ト保護ヲ与ヘラレル権利ヲ有スルアラユル宗教、信仰、信条ヲ正確ニ同ジ法的根拠ノ上ニ立タシメルニアル、本指令ハ啻ニ神道ニ対シテノミナラズアラユル宗教、信仰、宗派、信条乃至哲学ノ信奉者ニ対シテモ政府ト特殊ノ関係ヲ持ツコトヲ禁ジマタ軍国主義的乃至過激ナル国家主義的「イデオロギー」ノ宣伝、弘布ヲ禁ズルモノデアル

(ロ) 本指令ノ各条項ハ同ジ効力ヲ以テ神道ニ関連スルアラユル祭式、慣例、儀式、礼式、信仰、教ヘ、神話、伝説、哲学、神社、物的象徴ニ適用サレルモノデアル

(ハ) 本指令ノ中ニテ意味スル国家神道ナル用語ハ、日本政府ノ法令ニ依テ宗派神道或ハ教派神道ト区別セラレタル神道ノ一派即チ国家神道乃至神社神道トシテ一般に知ラレタル非宗教的ナル国家的祭祀トシテ類別セラレタル神道ノ一派（国家神道或ハ神社神道）ヲ指スモノデアル

(ニ) 宗派神道或ハ教派神道ナル用語ハ一般民間ニ於テモ、法律上ノ解釈ニ依テモ又日本政府ノ法令ニ依テモ宗教トシテ認メラレテ来タ（十三ノ公認宗派ヨリ成ル）神道ノ一派ヲ指スモノデアル

(ホ) 連合国軍最高司令官ニ依テ一九四五年十月四日ニ発セラレタル基本的司令即チ「政治的、社会的並ニ宗教的自由束縛ノ解放」ニ依テ日本国民ハ完全ナル宗教的自由ヲ保証セラレタノデア

ルガ、右指令第一条ノ条項ニ従テ
(1) 宗派神道ハ他ノ宗教ト同様ナル保護ヲ享受スルモノデアル
(2) 神社神道ハ国家カラ分離セラレ、ソノ軍国主義的乃至過激ナル国家主義的要素ヲ剥奪セラレタル後ハ若シソノ信奉者ガ望ム場合ニハ一宗教トシテ認メラレルデアラウ、而シテソレガ事実日本人個人ノ宗教ナリ或ハ哲学ナリデアル限リニ於テ他ノ宗教同様ノ保護ヲ許容セラレルデアラウ

(ヘ) 本指令中ニ用ヒラレテヰル「軍国主義的乃至過激ナル国家主義的イデオロギー」ナル語ハ、日本ノ支配ヲ以下ニ掲グル理由ノモトニ他国民乃至他民族ニ及ボサントスル日本ノ使命ヲ擁護シ或ハ正当化スル教へ、信仰、理論ヲ包含スルモノデアル
(1) 日本ノ天皇ハソノ家系、血統或ハ特殊ナル起源ノ故ニ他国ノ元首ニ優ルトスル主義
(2) 日本ノ国民ハソノ家系、血統或ハ特殊ナル起源ノ故ニ他国民ニ優ルトスル主義
(3) 日本ノ諸島ハ神ニ起源ヲ発スルガ故ニ或ハ特殊ナル起源ヲ有スルガ故ニ他国ニ優ルトスル主義
(4) ソノ他日本国民ヲ欺キ侵略戦争へ来リ出サシメ或ハ他国民ノ論争ノ解決ノ手段トシテ武力ノ行使ヲ謳歌セシメルニ至ラシメルガ如キ主義

三 日本帝国政府ハ一九四六年三月一五日迄ニ本司令部ニ対シテ本指令ノ各条項ニ従ツテ取ラレタル諸措置ヲ詳細ニ記述セル総括的報告ヲ提出スベキモノナルコト

四 日本ノ政府、県庁、市町村ノ凡テノ官公吏、属官、雇員並ニアラユル教師、教育関係職員、国

民、日本国内在住者ハ本指令各条項ノ文言並ニソノ精神ヲ遵守スルコトニ対シテ夫々個人的責任ヲ負フベキコト

最高司令官ニ代リテ
参謀副官　陸軍大佐　H・W・アレン

4　修身、日本歴史及ビ地理停止ニ関スル件―抄―

連合国軍最高司令官総司令部参謀副官発第八号民間情報教育部ヨリ終戦連絡中央事務局経由日本帝国政府宛覚書　一九四五年一二月三一日

一　昭和二十年十二月十五日附指令第三号国家神道及ビ教義ニ対スル政府ノ保障ト支援ノ撤廃ニ関スル民間情報教育部ノ基本的指令ニ基キ且日本政府ガ軍国主義的及ビ極端ナ国家主義的観念ヲ或ル種ノ教科書ニ執拗ニ織込ンデ生徒ニ課シカカル観念ヲ生徒ノ頭脳ニ植込マンガ為メニ教育ヲ利用セルニ鑑ミ茲ニ左ノ如キ指令ヲ発スル

(イ)　文部省ハ曩ニ官公私立学校ヲ含ム一切ノ教育施設ニ於イテ使用スベキ修身、日本歴史及ビ地理ノ教科書及ビ教師用参考書ヲ発行シ又ハ認可セルモコレラ修身、日本歴史及ビ地理ノ総テノ課程ヲ直チニ中止シ司令部ノ許可アル迄再ビ開始セザルコト

(ロ)　文部省ハ修身、日本歴史及ビ地理夫々特定ノ学科ノ教授法ヲ指令スル所ノ一切ノ法令、規則

又ハ訓令ヲ直チニ停止スルコト

(ハ) 文部省ハ本覚書附則(イ)ニ摘要セル方法ニ依リテ処置スル為メニ一(イ)ニ依リ影響ヲ受クベキアラユル課程及ビ教育機関ニ於テ用ヰル一切ノ教科書及ビ教師用参考書ヲ蒐集スルコト

(ニ) 文部省ハ本覚書附則(ロ)ニ摘要セル措置ニ依リテ本覚書ニ依リ影響ヲ受クベキ課程ニ代リテ挿入セラルベキ代行計画案ヲ立テ之ヲ当司令部ニ提出スルコト之等代行計画ハ茲ニ停止セラレタル課程ノ再開ヲ当司令部ガ許可スル迄続イテ実施セラルベキコト

(ホ) 文部省ハ本覚書附則(ハ)ニ摘要セル措置ニ依リ修身、日本歴史及ビ地理ニ用フベキ教科書ノ改訂案ヲ立テ当司令部ニ提出スベキコト

二 本指令ノ条項ニ依リ影響ヲ受クベキ日本政府ノ総テノ官吏、下僚、傭員及ビ公私立学校ノ総テノ教職員ハ本指令ノ条項ノ精神並ニ字句ヲ遵守スル責任ヲ自ラ負フベキコト

最高司令官ニ代リテ

参謀副官部参謀副官補　陸軍大佐　H・W・アレン

五　教科書の取り扱いについて

1　終戦ニ伴フ教科用図書取扱方ニ関スル件

昭和二十年九月二十日　文部次官ヨリ地方長官

中等学校、青年学校及国民学校ニ於ケル教科用図書ニ付キテハ追ツテ何分ノ指示アルマデ現行教科用図書ヲ継続使用シ差支ナキモ戦争終結ニ関スル詔書ノ御精神ニ鑑ミ適当ナラザル教材ニツキテハ左記ニ依リ全部或ハ部分的ニ削除シ又ハ取扱ニ慎重ヲ期スル等万全ノ注意ヲ払ハレ度此段及通牒

記

一　省略削除又ハ取扱上注意スベキ教材ノ基準概ネ左ノ如シ

(イ)　国防軍備等ヲ強調セル教材

(ロ)　戦意昂揚ニ関スル教材

(ハ)　国際ノ和親ヲ妨グル虞アル教材

(ニ)　戦争終結ニ伴フ現実ノ事態ト著ク遊離シ又ハ今後ニ於ケル児童生徒ノ生活体験ト甚シク遠ザカリ教材トシテノ価値ヲ減損セル教材

(ホ)　其ノ他承詔必謹ノ点ニ鑑ミ適当ナラザル教材

二　教材省略ノ為補充ヲ必要トスル場合ニハ国体護持、道義確立ニ関スル教材、文化国家ノ国民タルニフサハシキ教養、躾等ニ関スル教材、農産増強ニ関スル教材、科学的精神啓培並ニ其ノ具現ニ関スル教材、体育衛生ニ関スル教材、国際平和ニ関スル教材等ヲ夫々ノ教科科目ノ立場ヨリ土地ノ情況、時局ノ現実等ニ稽ヘテ適宜採取補充スルコト

三　削除スベキ教材又ハ取扱上注意ヲ要スル教材（◎印）ノ一例ヲ国民学校後期用国語教科書ニツキ示セバ次ノ如シ

ヨミカタ二　四、ラヂオノコトバ　十六、兵タイゴッコ　十八、シヤシン

よみかた四　三、海軍のにいさん　◎十、満洲の冬　十五、にいさんの入営　二十、金しくんしよう　二十一、病院の兵たいさん　二十二、支那の子ども

初等科国語二　◎一、神の剣　七、潜水艦　八、南洋　九、映画　十四、軍旗　十五、ゐもん袋　二十一、三勇士

初等科国語四　一、船は帆船よ　三、バナナ　四、大連から　五、観艦式　十一、大演習　十二、小さな伝令使　◎十七、広瀬中佐　十九、大砲のできるまで　二十三、防空監視哨

初等科国語六　二、水兵の母　三、姿なき入城　◎五、朝鮮のゐなか　九、十二月八日　十、不沈艦の最期　十八、敵前上陸　◎十九、病院船

初等科日語八　三、ダバオ　十三、マライを進む　十五、シンガポール陥落の夜　十六、もののふの情　二十一、太平洋

高等科国語二　二、単独飛行　三、鋲を打つ　八、輸送船　九、ハワイ海戦
尚全教科科目ニツキテハ追テ之ヲ指示ス

2　教科用図書取扱方ニ関スル件

昭和二十年一二月二十七日
発　教　八　号
教科書局長ヨリ　地方長官
学校長

標記ノ件ニ関シテ、九月二十日付文部次官通牒ヲ以テ指示致置キタルトコロ其ノ後現行各教科書中削除訂正スベキ箇所ニ付慎重検討シ目下連合軍最高司令部ト打合中ナルヲ以テ右決定ノ上ハ具体的ニ指示致スベキモ追テ指示有之マデハ取リ敢ヘズ右通牒ノ趣旨ニ則リ図書中不適当ナル箇所ニ付テハ必ラズ削除訂正ヲ加ヘ教育上遺憾ナキヲ期セラレ度右為念及通牒

3　国民学校後期使用図書中ノ削除修正箇所ノ件

昭和二十年一二月二十七日
発　教　一　四　号
教科書局長ヨリ　地方長官
学校長

現行教科書ノ取扱方ニ関シテハ曩ニ通牒ノ次第ニ依リ図書中終戦ニ伴ヒ不適当トナリ教材ニハ削除修正ヲ施シ使用セシメラレ居ルコトト存候トコロ後期使用国語（初等科第一学年乃至高等科第一学年用）及算数（初等科第三学年乃至第六学年用）図書中ノ削除修正箇所ニ付キテハ今般別表ノ通リ連合国軍最高司令部ノ承認ヲ得決定致シタルヲ以テ削除修正洩レ有之バ別表ニ依リ必ズ削除修正セシメタル上使用セシメラレ度此段通牒ニ及ビ候

追而左記ノ事項予メ御了知相成度参考迄ニ申添候

一　教師用指導書ノ発行供給ノ件

今般師範学校及青年師範学校教員、生徒並ニ中等学校、青年学校及国民学校教員ニ対シ、我ガ国ガ現在直面セル諸問題ヲ理解セシメ新事態ニ即応スル教育ノ根本方針ヲ示スト共ニ修身、国史及地理ノ授業停止期間即チ之等三科目ノ新教科書出来迄ノ代行課程トシテ生徒児童ニ教授スベキ教材並ニ其ノ取扱方法ノ指示ヲ目的トセル教師用指導書ヲ発行供給スベク二月中ニ完成ノ予定ヲ以テ目下作成中ナリ

尚右ハ印刷ノ上前記各学校ニ供給ノ予定ナルモ原稿出来ノ上ハラジオ放送及新聞雑誌等ニ転載シ之ガ普及徹底ノ迅速化ヲ期スル予定ナリ

二　昭和二十一年度使用教科書ノ件

終戦後ノ新事態ニ即応スベキ各学校用新教科書ニ関シテハ本年中ニ新編纂ノ上明二十二年度ヨリ之ヲ使用セシムル予定ヲ以テ目下之ガ準備中ナリ

尚本年四月ヨリ使用セシムベキ教科書ニ付キテハ取リ敢ヘズ暫定教科書ヲ編修シ之ヲ発行供給ス

ルコトニシ目下之ガ進行過程ヲ極力促進シツツアリ

国民学校後期使用教科書削除修正表

一　国語

書名	巻	課名	頁	行	削除並ニ修正箇所 原文	削除並ニ修正箇所 修正文
ヨミカタ	二	三　ウサギトカメ	一五	六	カメ「バンザイ」	カメ「ウサギサン」
		十六　兵タイゴッコ	五八		全文	削除
		十八　シヤシン	七七	六	センチノニイサン	ニイサン
			七九―八〇	八―一	ゲンキデ、オクニノタメニシッカリハタラケト、	ゲンキデ、シッカリハタラケト、
よみかた	四	三　海軍のにいさん	一三		全文	削除
		四　乗合自動車	二四	三―六	出征する孫が……行くところなんですよ	削除
		五　菊の花	二六		全文	削除
		十一　鏡	五七		「おかあさん」の教材	削除
		十二　神だな	六一		全文	削除
		十五　にいさんの入営	七二		全文	削除
		二十一　病院の兵たいさん	一〇〇		全文	削除
		二十二　支那の子ども	一〇四		全文	削除
初等科国語	二	一　神の剣	八	三―四	勇ましくふるひ立つて大和へ進軍しました	勇ましく大和へ進みました
		三　祭に招く	一四		全文	削除
		四　田祭	一八		全文	削除

初等科国語 四				
五 田道間守	二〇		全文	取扱注意（今は可 天皇制の問題確定後は考慮す）
六 みかん	二八	九	遠い支那へも、満洲へも、	遠いところへも
七 潜水艦	二九		全文	削除
八 南洋	三五		全文	削除
九 映画	四九	三	何十台の戦車が通る。何万トンの、ほら、軍艦だ。	何十台の自動車が通る。何万トンの、ほら、貨物船だ。
十四 軍旗	七六	六	全文	削除
十五 ゐもん袋	七九		全文	削除
十六 雪合戦	八八		全文	削除
二十一 三勇士	一一六		全文	削除
二十四 東京	一三〇		全文	削除
一 船は帆船よ	四		全文	削除
三 バナナ	一八	二―三	台湾から……いつもバナナを積んでゐます。	削除
	一八	七―九	北海道や樺太は……みんなを喜ばしてゐます。	削除
四 大連から	一九		全文	削除
五 観艦式	二六		全文	削除
六 くりから谷	二九		全文	削除
七 ひよどり越	三一		全文	削除
八 万寿姫	三四		全文	削除
十 グライダー「日本号」	四六		全文	削除
十一 大演習	五六		全文	削除
十二 小さな伝令使	六四		全文	削除
十四 扇の的	七一		全文	削除
十五 弓流し	七四		全文	削除
十七 広瀬中佐	八六		全文	削除

		十八　大阪	八八		全文	削除
		十九　大砲のできるまで	九六		全文	削除
		二十一　水族館	一一四	一〇	軽快な戦闘機といったやうすです。	削除
		二十二　母の日	一二四	五	私は国語の「万寿姫」を読んだ。	私は国語の「水族館」を読んだ。
		二十三　防空監視哨	一二七		全文	削除
		二十四　早春の満洲	一三一		全文	削除
高等科国語	二	一　富士の高嶺	五	八—一〇	大伴家持　天皇の御代栄えむと東なるみちのく山にこがね花咲く	削除
		二　単独飛行	六		全文	削除
		三　銕を打つ	一六		全文	削除
		五　級会で話したこと	三〇	一〇	私の父はこの春苗代の種蒔きがすんだ頃応召しました。	私の父は、この春苗代の種蒔きがすんだ頃、にはかに病死しました。
			三三	三—六	日露戦争に出征して……やはりこの土地から出発いたしました。	削除
				六—七	先祖以来この土地に生まれこの土地に住み、さうして、この土地で死にました。	こゝで生まれ、こゝに住み、さうして、こゝで死んで行つた土地であります。
			三五	二—九	今、日本は国運を賭しての決戦の最中であります。……皆外へ出て勇ましく働いてくれます。	削除
				九—一〇	そこで、私は、中村君とともにこの土地に踏みとゞまつて百姓	そこで、百姓になり、食糧増産に専念して、
		六　姫路城	四三	二—四	天守閣は、あたかも司令塔の如く、……一大戦艦を思はせるものがある。	天守閣と数十の櫓とは層々と重なり蜿蜒と連なつて、まさに飾磨の平野を飾る一大偉観である。
		八　輸送船	五〇		全文	削除

九　ハワイ海戦

十　単語のいろ〳〵

頁	行	全文	削除
七二	八	「きれいだ」	「静かだ」
九一		体言の例文	きちんとそろつて進んでゐた列が、だん〳〵乱れて行つた。
九三—九四	五—三	まだ、夜が明けきらないうちに わが偵察機隊は……朝食後、 「配置に就け」の号令が……待つ ばかりだ	ぼくは先頭におくれないやうにし一生けんめいに水をけつた。 しかし潮流はます〳〵急になるのか、いくら手足に力を入れてもなか〳〵進まない。「しつかり泳げ。そら、あの砂浜が到着点だ」。船の上から先生の声援が聞える。
九四	六	「夜」「偵察機隊」「私」「号令」 「用意」等は、	「列」「砂浜」「声援」等は、
	七	「は」「が」「も」を伴つて	「が」を伴つて
	八	「は」「も」を伴つて	を伴つて
	九	「敵」「今日」「海上」「一機」等はこの文の場合では「が」「は」「も」を	「ぼく」「水」「手足」等は、この文の場合では「が」を伴つて
	二	敵はたちまち敗走し。	ぼくが先頭だ。
九五	一	今日もよい天気だ。 海上は静かだ。	水がぬるい。
	二	一機が体当りを敢行した。	手足がつめたい。
	一一	(五)楠木正成 吉田松陰 東郷元帥	(五)豊田佐吉 ガリレオ 野口英世
九七	九—一〇	「まだ」「わが」「さうして」「じつと」「さあ」「唯」等も	「きちんと」「だん〳〵」「しかし」「ます〳〵」「いくら」「なか〳〵」「しつかり」「そら」「あの」も、
九八	二	「まだ」「わが」「じつと」「唯」は、	「きちんと」「だん〳〵」「ます〳〵」「いくら」「なか〳〵」「しつかり」「あの」は、
	三—四	即ち「じつと」は「見送りながら」	即ち「きちんと」「そろつて」に

					にかゝつて、「見送る」といふ用言を修飾し、「わが」は、「偵察機隊」といふ体言を修飾してゐる。	かゝつて、「そろふ」といふ用言を修飾し、「あの」は「砂浜が」にかゝつて「砂浜」といふ体言を修飾している。
			九八	八	○前例の「まだ」「唯」は何を修飾してゐるか。	○前例の「だん〳〵」「ます〳〵」「いくら」「なか〳〵」「しつかり」は何を修飾してゐるか。
			九九	九	網の綱をしつかりつなげ。	削除
				一	右の「しつかり」「すつかり」	右の「すつかり」
				三	前例の「唯」のやうに、	前例の「いくら」のやうに、
			一〇一	一〇—一一	そこにある「さうして」と「さあ」は、	そこにある「しかし」と「そら」は、
			一〇二	三	「さうして」「さあ」はいづれも	「しかし」「そら」はいづれも
				四	「さうして」の方は下へ続く意味が強く、「さあ」は	「しかし」の方は下へ続く意味が強く、「そら」は
				六	明日は雨でせうか。	ちよつとパンを取ってください。
				七	さあ。	そら。
				八—九	「さあ」はそれだけで一つの文にさへなり得る。「さうして」のやうなのを接続詞といひ、「さあ」のやうなのを感動詞といふ。	「そら」はそれだけで一つの文にさへなり得る。「しかし」のやうなのを接続詞といひ、「そら」のやうなのを感動詞といふ。
				一一	道はかなり遠い。しかし、車で行けば……	道はかなり遠い。けれども、車で行けば……
		十四　山ざくら花	一一六—一一七	一〇—一一	本居宣長 さしいづるこの日の本の光よりこまもろこしも春を知るらむ	削除
		十五　大君のへに	一一九		全文	削除

二　算数（略）

六　教育ニ関スル勅語

朕惟《ちんおも》フニ我カ皇祖皇宗国ヲ肇《はじ》ムルコト宏遠ニ徳ヲ樹《た》ツルコト深厚ナリ我カ臣民克《よ》ク忠ニ克ク孝ニ億兆心ヲ一《いつ》ニシテ世々《よよ》厥《そ》ノ美ヲ済《な》セルハ此レ我カ国体ノ精華ニシテ教育ノ淵源亦《また》実ニ此《ここ》ニ存ス爾《なんじ》臣民父母ニ孝ニ兄弟《けいてい》ニ友《ゆう》ニ夫婦相和シ朋友相信シ恭倹己レヲ持シ博愛衆ニ及ホシ学ヲ修メ業ヲ習ヒ以テ智能ヲ啓発シ徳器ヲ成就シ進《すすん》テ公益ヲ広メ世務《せいむ》ヲ開キ常ニ国憲ヲ重シ国法ニ遵《したが》ヒ一旦緩急アレハ義勇公ニ奉シ以テ天壌無窮ノ皇運ヲ扶翼スヘシ是《かく》ノ如キハ独リ朕カ忠良ノ臣民タルノミナラス又以テ爾祖先ノ遺風ヲ顕彰スルニ足ラン

斯《こ》ノ道ハ実ニ我カ皇祖皇宗ノ遺訓ニシテ子孫臣民ノ倶《とも》ニ遵守《じゅんしゅ》スヘキ所之《これ》ヲ古今ニ通《つう》シテ謬《あやま》ラス之ヲ中外ニ施シテ悖《もと》ラス朕爾臣民ト倶ニ拳々服膺《けんけんふくよう》シテ咸其徳《みなその》ヲ一《いつ》ニセンコトヲ庶幾《こいねが》フ

明治二十三年十月三十日

御名御璽

七　大東亜戦後ノ教育ニ関シテ下シ給ヘル勅語

京都勅語草案　一九四五年一二月五日

朕惟《おも》フニ　皇祖考曩《さき》ニ教育ニ関スル勅語ヲ賜ヒテヨリ茲《ここ》ニ五拾有五年、国運為ニ興隆シ国威四海ニ輝クヲ得タリ。然《しか》ルニ我カ国今ヤ空前ノ苦難ニ遭遇シ、再建ノ前途尚遼遠ナリ。

顧《かえりみ》ルニ維新以来国運ノ隆昌ハ動《やや》モスレハ人心ノ安逸ヲ招キ、国事ヲ後ニシテ専ラ一身ノ栄達一家ノ繁盛ヲ希《ねが》フノ風《ふう》ヲ起シ、且《か》ツ屢次《るじ》ノ戦勝ハ驕慢《きょうまん》ノ心ヲ唆《そそ》リ徒《いたず》ラニ自国ノ優越ニ酔ヒテ国際精神ヲ希薄ナラシメタルハ否《いな》ムヘキニアラス。剰《あまつさ》ヘ封建ノ遺風アリテ君民ノ間ヲ遮《さえぎ》リ、言論ノ暢達《ちょうたつ》ヲ妨ケテ、遂ニ国策ヲ誤ルニ至リタルハ痛恨惜《お》ク能《あた》ハサル処ナリ。

此ノ秋《とき》ニ当リテ須《すべから》ク維新創草ノ時ニ馳《は》セ、斯ノ五箇条ノ真意ヲ会得シ、君民一体ノ実ヲ挙ケテ国体ノ精華ヲ発揮スヘキハ云フヲ俟《ま》タス。以テ民意ノ暢達《ちょうたつ》ヲ遺憾ナカラシメ、我カ国カ自由、平等、公正ノ精神横溢セル道義的立憲国トシテ信ヲ列国ノ間ニ恢復《かいふく》シ、人類ノ平和ト福祉トニ寄与シ得ムコトハ朕ノ念願止マサル処ナリ。汝臣民、宜シク真理ヲ愛シ、良心ヲ明カニシ、責任感ヲ鞏《かた》クシ、自他ノ人格ヲ尊重シ、寛容以テ一切ノ自由ヲ確保シ、大和以テ協同ノ実ヲ挙ケ、内ハ文化、政治、社会、経済ニ於ケル凡《あら》ユル機会ヲ均《ひと》シクシテソノ楽ヲ分チ、外列国トノ友誼ヲ篤クシ、之《これ》ト協力シテ永ク平和ノ礎《いしずえ》ヲ定メムコトニ努ムヘシ。是レ実ニ我カ国教育ノ大本ナリ。ソノ実施ニ当リテハ、徒《いたず》ラニ知識ノ注入ニ陥ルコトナク、寧《むし》ロ賢明懇切ナル指導ノ下ニ自学自修ノ風ヲ盛ニシ、以テ各自ノ創意ヲ誘発シ、個性ヲ伸張シ、活潑ナル精神ヲ養ヒ、身体ノ健康ヲ増進シ、知情意ノ均斉アル発育ヲ計ルヘシ。カクテ老若男女ノ別ナク、家ノ内外ヲ問ハス、都鄙《とひ》ノ分ナク、普《あまね》ク文化ノ恩沢ニ浴セシメ、科学的思索ヲ精ニシ、ソノ応用ヲ盛ニシ、芸術ハ以テ優雅ナル情操ト直観力トヲ培ヒ、各自採ルトコロノ宗教的信念ニ従ツテ良心ヲ清純ニシ、道義心ヲ昂メ、以テ人格ノ完成ヲ遂《と》ケシムヘシ。惟《こ》レ洵《まこと》ニ我カ国精神文化ノ真髄ヲ発揚スル所以《ゆえん》ニシテ、世界ノ文化ニ寄与シ、万世ニ太平ヲ開クヘキ道義国家ノ面目茲《ここ》ニ漸ク顕《あらわ》ルルコトヲ得ム。朕ハ常ニ汝等臣民ト共ニ在リテ之カ完成ニ恪励《かくれい》セム。汝臣民夫《そ》レ克《よ》ク朕カ意ヲ体セヨ。

八　教育勅語に関する衆参両院の決議

1　教育勅語等排除に関する決議（第二回国会）

提　出　昭二三、六、一六
議　決　昭二三、六、一九
提出者　松本淳造君　外三十四名
（民自、社、民、国協、社革、第一、農、日自、共）

民主平和国家として世界史的建設途上にあるわが国の現実は、その精神内容において未だ決定的な民主化を確認するを得ないのは遺憾である。これが徹底に最も緊要なことは教育基本法に則り、教育の革新と振興とをはかることにある。しかるに既に過去の文書となつている教育勅語並びに陸海軍軍人に賜わりたる勅諭その他の教育に関する諸詔勅が、今日もなお国民道徳の指導原理としての性格を持続しているかの如く誤解されるのは、従来の行政上の措置が不十分であつたがためである。

思うに、これらの詔勅の根本理念が主権在君並びに神話的国体観に基いている事実は、明かに基本的人権を損い、且つ国際信義に対して疑点を残すもととなる。よつて憲法第九十八条の本旨に従い、ここに衆議院は院議を以て、これらの詔勅を排除し、その指導原理的性格を認めないことを宣言する。政府は直ちにこれらの詔勅の謄本を回収し、排除の措置を完了すべきである。

右決議する。

2　教育勅語等の失効確認に関する決議（第二回国会）

提　出　昭二三、六、一五
議　決　昭二三、六、一九
発議者　田中耕太郎君　外二十五名
（緑、民自、民主、無懇）

われらは、さきに日本国憲法の人類普遍の原理に則り、教育基本法を制定して、わが国家及びわが民族を中心とする教育の誤りを徹底的に払拭し、真理と平和とを希求する人間を育成する民主主義的教育理念をおそごかに宣明した。その結果として、教育勅語は、軍人に賜はりたる勅諭、戊辰詔書、青少年学徒に賜はりたる勅語その他の諸勅語とともに、既に廃止せられその効力を失つている。

しかし教育勅語等が、あるいは従来の如き効力を今日なお保有するかの疑いを懐く者あるをおもんばかり、われらはとくに、それらが既に効力を失つている事実を明確にするとともに、政府をして教育勅語その他の諸詔勅の謄本をもれなく回収せしめる。

われらはここに、教育の真の権威の確立と国民道徳の振興のために、全国民が一致して教育基本法の明示する新教育理念の普及徹底に努力をいたすべきことを期する。

右決議する。

九　国民実践要領

天野貞祐（昭二六・一一・二七）

わが国は今や講和の締結によって、ふたたび独立国家たる資格を得、自主的な再建の道を歩み始むべき時期に際会した。しかるに国家独立の根源は国民における自主独立の精神にあり、その自主独立の精神は、国民のよって立つべき道義の確立をまって初めて発現する。道義が確立しない限り、いかなる国の国民も独立独行の気はくを欠き、その国家は必ずや内部から壊敗し衰滅する運命をもつ。

われわれは新たに国家再建に向って出発せんとするにあたって、建設へのたゆまざる意欲を奮い起すとともに、敗戦による精神の虚脱と道義のたい廃とを克服し、心を合わせて道義の確立に努めねばならないのである。

道義を確立する根本は、まずわれわれのひとりびとりが自己の自主独立である人格の尊厳にめざめ、利己心を越えて公明正大なる大道を歩み、かくして内に自らの立つところをもつ人間となることに存する。また他の人格の尊厳をたっとび、私心を脱して互に敬愛し、かくして深い和の精神に貫かれた家庭、社会、国家を形成することに存する。自主独立の精神と和の精神とは、道義の精神の両面である。

われわれの国家も、自国だけの利害にとらわれることなく、公明正大なる精神に生きなければならない。それによって国家は、他の何ものにも依存しない独立の精神と気はくをもって、新しい建設の道を進み、世界の文化に寄与しうる価値をもった独自の文化の形成に向うことができる。また同時に、他の諸国家との和協への道を開き、世界の平和に貢献することができる。

われわれのひとりびとりもわれわれの国家もともにかかる無私公明の精神に生きるとき、われわれが国家のためにつくすことは、世界人類のためにつくすこととなり、また国家が国民ひとりびとりの人格を尊重し、自由にして健全な生育を遂げしめることは、世界人類のために奉仕することとなるのである。無私公明の精神のみが、個人と国家と世界人類とを一筋に貫通し、それらをともに生かすものである。その精神に生きることによって、われわれは世界の平和と文化に心を向けつつ、しかも祖国を忘れることなく、われわれの国家も、犯すべからざる自主独立を保ちつつ、しかも独善に陥ることなく、ふ仰天地にはじない生活にいそしむことができる。ここに道義の根本があり、われわれは心を一つにしてかかる道義の確立に力を尽さんことを念願する。この実践要領を提示する主旨も、ここに存するのである。

第一章　個人

⑴　人格の尊厳

人の人たるゆえんは、自由なる人格たるところにある。われわれは自己の人格の尊厳を自覚し、それを傷つけてはならない。

われわれは自己の人格と同様に他人の人格をたっとび、その尊厳と自由とを傷つけてはならない。自己の人格をたっとぶ人は必ず他人の人格をたっとぶ人である。

⑵　自由

われわれは真に自由な人間であらねばならない。真に自由な人間とは、自己の人格の尊厳を自覚することによって自ら決断し自ら責任を負うことのできる人間である。

おのれをほしいままにする自由はかえっておのれを失う。おのれに打ちかち道に従う人にして初めて真に自由な人間である。

(3) 責任

真に自由な人は責任を重んずる人である。責任を伴わぬ自由はない。われわれは自己の言うところ、なすところについて自己に対し、また他人に対しひとしく責任をもつ、けだしわれわれは自己と他人の人格を尊重し、且つ完成せしめるように、つねに努めねばならないからである。無責任な人は他人に迷惑を及ぼすだけでなく自己の人格をもそこなう人である。

(4) 愛

われわれはあたたかい愛の心を失ってはならない。愛の心は人間性の中核である。われわれが互いに他人の欠点をもゆるし人間として生かしてゆくのは愛の力である。大きな愛の心は罪を憎んで人を憎まない。

(5) 良心

われわれはつねに良心の声にきき自らをいつわってはならない。たとえそのために不利不幸を招くとも、あくまで真実を守る正直な人は世の光、地の塩である。

(6) 正義

われわれはあくまでも不正不義を退け、正義につき、私心私情をすてて公明正大であらねばならない。

(7) 勇気

われわれは正しいことを行い邪悪なことを克服するために、どのような妨害にも屈しない勇気をもたなければならない。

血気の勇はかえって事を誤り、真の勇気ではない。但しその実行にあたっては思慮の深さがなければならない。暴勇は真の勇気ではない。

(8) 忍耐

われわれは困苦の間にあっても、あくまで道義を操守する忍耐をもたなければならない。人間は弱いものであり、困難や苦痛にあえば自暴自棄に陥りやすいけれども、その暗い逆境に耐え、愛情をもちつづけ、正義の道を踏むことこそ、人の世の光である。

(9) 節度

身体と精神とが健全に形成され、人間が全人的に調和ある発展をなすためには、節度が必要である。

おのれにかち節度を失わぬところにこそ、人間の本来の強さが現われる。節度を破った生がいは、一見強そうにみえることもあるが、実は弱さのしるしである。

(10) 純潔

われわれは清らかなものにたいする感受性を失わぬよう心がけねばならない。清らかなものにたいする感受性は、道徳生活の源である。心情は純粋に、行為は清廉に、身体は清潔に保ちたい。

(11) 廉恥

われわれは恥を知らなければならない。恥を知るということは、不純で汚れたものをいとうことである。恥を知る人は、偽善や厚顔無恥におちいることなく慎みを失わない。

⑿　謙虚

われわれは他人にたいしては謙虚な気持で接し、ごう慢に陥ってはならない。自らのいたらぬことを自覚し、他人の短所に対しては寛容であり、他人の長所を受け入れるということによってのみ、人間相互の交わりは正しく保たれる。

⒀　思慮

事をなすにあたっては思慮の深さが必要である。

われわれは現実の事態を見きわめ、且つ広い視野をもたなければならない。一時の感情や欲望にとらわれて事態を正しく認識することがなければ、多く事を誤るであろう。遠きおもんばかりがなければ必ず近き憂いがある。但し思慮は断行する勇気を伴わねばならない。思慮深きことは優柔不断とは別である。

⒁　自省

われわれはつねに自己を省みるように努めねばならない。

なんじ自身を知れという教えは道徳の根本的な要素である。自分自身を知ることは、自分の無知を知ることからはじまる。知らざるを知るはこれ知れることである。

⒂　知恵

われわれは人生について深く豊かな知恵を養わなければならない。

知恵豊かにして深い人は、順境におごらず逆境に屈せず、人生を愛し、安んじて立つところをもつ。

⒃ 敬虔

われわれの人格と人間性は永遠絶対なものに対する敬けんな宗教的心情によって一層深められる。宗教心を通じて人間は人生の最後の段階を自覚し、ゆるぎなき安心を与えられる。人格の自由も人間相互の愛もかくして初めて全くされる。古来人類の歴史において人の人たる道が明らかになり、良心と愛の精神が保たれてきたことは神を愛し、仏に帰依し、天をあがめた人達などの存在なくしては考えられない。

第二章　家

⑴ 和合

家庭は人生の自然に根ざした生命関係であるとともに、人格と人格とが結びついた人倫関係である。それゆえ、その縦の軸をなす親子の間柄においても、横の軸をなす夫婦の間柄においても、自然の愛情と人格的な尊敬がともに含まれている。

⑵ 夫婦

夫と妻たるものは互に愛によって一体となり、貞節によってその愛を守り、尊敬によってその愛を高め、かくして互に生きがいの良き伴侶でありたい。

夫婦の愛は人生の自然から咲き出た美しい花である。しかしその愛はけん怠に襲われやすい。その試練に耐え愛を永続させるものは、貞節と尊敬である。

⑶ 親子

われわれは親としては慈愛をもって子に対し、りっぱな人格となるように育成しなければならない。また子としては敬愛をもって親に対し孝養をつくさなければならない。

子は次の新しい時代を創造し且つになうべき者であるから、その若芽を健やかに伸ばすことは親の喜ばしい義務である。新しい時代の創造はすでになしとげられた成果を正しく継承することによってなされるから、子は親を尊重するのが尊い義務である。

(4) 兄弟姉妹

兄弟姉妹は相むつみ、それぞれ個性ある人間になるように助け合わねばならない。

兄弟姉妹は正しい社会の正しい人間関係の原型である。兄弟姉妹は生がいを通じて良き協力者とならねばならない。

(5) しつけ

家庭は最も身近な人間教育の場所である。

われわれが親あるいは子として、夫あるいは妻として、また兄弟姉妹として、それぞれの務めを愛と誠をもって果すことにより、一家の和楽と秩序が生じてくる。そうすることを通じて各自の人格はおのずから形成され、陶冶される。それゆえ家庭のしつけは健全な社会生活の基礎である。

(6) 家と家

家庭は自家の利害のみを事とせず、社会への奉仕に励むべきである。家と家とのなごやかな交わりは社会の美しいつながりである。

第三章　社会

(1)　公徳心

人間は社会的動物である。人間は社会を作ることによってのみ生存することができる。社会生活をささえる力となるものは公徳心である。われわれはこの公徳心を養い、互に助け合って他に迷惑を及ぼさず、社会の規律を重んじなければならない。

(2)　相互扶助

互に助け合うことは、他人の身を思いやるあたたかい親切な心を本とする。

人々がただ自己の利害のみに走り他をそこなって顧みないならば、社会は悪と不幸に陥り、そのわざわいはやがて加重して自己の身にも返って来る。

(3)　規律

社会生活が正しくまた楽しく営まれるためには、社会は規律を欠くことはできない。

個人が各自ほしいままにふるまい、社会の規律を乱すならば、社会を混乱におとしいれ、自他の生活をひとしく不安にする。

(4)　たしなみと礼儀

社会生活の品位は各自が礼儀を守り、たしなみを失わないことによって高められる。それが良俗である。

たしなみと礼儀は、もし魂を失い外形だけになれば、かえって虚飾や虚偽となる。しかしそのゆえにたしなみや礼儀を軽んずるのも正しくない。人間の共同生活が野卑に流れず、美しい調和を保つのは、たしなみと礼儀による。

(5)　性道徳

両性の間の関係は厳粛な事柄である。われわれはそれを清純で品位あるものたらしめねばならない。性道徳の乱れることは社会のたい廃の大きな原因である。

(6)　世論

社会の健全な進展は正しい世論の力による。

われわれは独断に陥ることなく、世の人々の語るところにすなおに耳を傾けねばならない。しかし正しい世論は単なる附和雷同からは生まれない。われわれはそれぞれ自らの信ずるところに忠実であり、世の風潮に対してみだりに迎合しない節操ある精神と、軽々しく追随しない批判力とをもつことが必要である。正しい世論は人々が和して同じないところに生まれ、世論の堕落は同じて和しないところに起る。

(7)　共同福祉

社会のつながりは、それぞれ異なった分野に働く者が社会全体の共同福祉を重んずるところに成り立つ。

身分や階級の相違からさまざまな弊害や利害の衝突が生ずるとしても、それらの弊害や利害の衝突は、全体としての社会の意志を表現するところの法に従って解決さるべきである。社会全体の福祉をそこない、社会自身にき裂を生ぜしめるまでに至るべきではない。すべて人間生活は和をもってたっとしとする。

(8)　勤勉

われわれは勤労を尊びその習慣を身につけ、各自の務めに勤勉であることによって、社会の物質的、精神的財を増大しなければならない。

勤勉は社会を活気あるものにする。特に資源乏しきわが国の社会においては、われわれが勤勉であり、節倹のうちにも物を生かして使い、怠惰としゃしに陥らないように自戒する必要がある。

(9) 健全なる常識

社会が絶えず生き生きと進展するためには、古いろう習を改めることが必要である。しかしまたいたずらに新奇に走り軽々しく流行を追うべきではない。健全なる社会は健全なる常識によって保たれる。

われわれはややもすれば旧習にとらわれて創造の意気を失うか、さもなければ一時の風潮にげん惑されて着実な建設の努力を忘れやすい。伝統は創造を通してのみ正しく保たれ、革新は伝統を踏まえてのみ実効あるものとなる。

(10) 社会の使命

社会の使命は高い文化を実現するところにある。われわれは文化を尊重し、それを身につけ、力を合わせてその発展に努めねばならない。

社会の文化は人間を教養し形成する力をもつ。文化が軽んぜられるとき、社会は未開へ逆行する。しかしまた文化が人間の精神を高める力を失って単に享楽的となるとき、社会はたい廃に陥る。

第四章　国家

(1) 国家

われわれはわれわれの国家のゆるぎなき存続を保ち、その犯すべからざる独立を護り、その清き繁栄高き文化の確立に寄与しなければならない。

人間は国家生活において、同一の土地に生まれ、同一のことばを語り、同一の血のつながりを形成し、同一の歴史と文化の伝統のうちに生きているものである。国家はわれわれの存在の母胎であり、倫理的文化的な生活共同体である。それゆえ、もし国家の自由と独立が犯されれば、われわれの自由と独立も失われ、われわれの文化もその基盤を失うこととならざるをえない。

(2) 国家と個人

国家生活は個人が国家のためにつくし国家が個人のためにつくすところに成りたつ。ゆえに国家は個人の人格や幸福を軽んずべきではなく、個人は国家を愛する心を失ってはならない。

国家は個人が利益のために寄り集まってできた組織ではない。国家は個人のための手段とみなされてはならない。しかし国家は個人を没却した全体でもない。個人は国家のための手段とみなされてはならない。そこに国家と個人の倫理がある。

(3) 伝統と創造

国家が健全なる発展をとげるのは、国民が強じんなる精神的結合を保ち、その結合からはつらつたる生命力がわき起ってくることによってである。国民の精神的結合が強固なものであるためには、われわれは国の歴史と文化の伝統の上に、しっかりと立脚しなければならない。また国民の生命力が創造的であるためには、われわれは広く世界に向って目を開き、常に他の長所を取り入れねばならない。

伝統にとらわれ独善に陥れば、かえってかっ達なる進取の気象をはばみ、国家の害を及ぼす。また自らを忘れて他の模倣追随をのみ事とすれば、自主独立の精神を弱め、ひとしく国家に害を及ぼす。

(4) 国家の文化

国家はその固有なる民族文化の発展を通じて、独自の価値と個性を発揮しなければならない。その個性は排他的な狭いものであってはならず、その民族文化は世界文化の一環たるにふさわしいものでなければならない。

(5) 国家の道義

国家の活動は、古今に通じ東西にわたって行われる人類不変の道義に基かねばならない。それによって国家は、内には自らの尊厳を保ち外には他への国際信義を全くする。

(6) 愛国心

国家の盛衰興亡は国民における愛国心の有無にかかる。

われわれは祖先から国を伝え受け子孫へそれを手渡して行くものとして、国を危からしめない責任をもつ。国を愛する者は、その責任を満たして国を盛んならしめ、且つ世界人類に貢献するところ多き国家たらしめるものである。真の愛国心は人類愛と一致する。

(7) 国家の政治

国家は一部特定党派、身分、階級の利益のための手段とみなされてはならない。われわれは常に国家が国民全体のための国家であることを忘れるべきではない。

それぞれ特殊な立場の人は、その独立の見解にあくまで忠実であるべきである。しかしその際、自己の立場も自己に対する立場もひとしくともに国家の全体に立脚せることを自覚し、相互の自由と平等を認め理解と寛容の上に立って同胞愛を失わず、且つ私利私見に流れることなく、公明正大に意見をたたかわすべきである。

(8) 天皇

われわれは独自の国柄として天皇をいただき、天皇は国民的統合の象徴である。それゆえわれわれは天皇を親愛し、国柄を尊ばねばならない。

世界のすべての国家はそれぞれに固有な国柄をもつ。わが国の国柄の特長は長き歴史を一貫して天皇をいただき来ったところに存している。したがって天皇の特異な位置は専制的な政治権力に基かず、天皇への親愛は盲目的な信仰やしいられた隷属とは別である。

(9) 人類の平和と文化

われわれは世界人類の平和と文化とに貢献することをもって国家の使命としなければならない。

国家や民族は単に自己の利益のみを追求したり、自分の立場のみを主張したりする時世界の平和を乱し人類の文化を脅かす。しかもまたわれわれが世界人類に寄与しうるのは自国の政治や文化を正しく育てることによってのみである。世界人類を思うの故に、国家民族の地盤から遊離したり、国家や民族を思うあまり、世界人類を忘れることはともに真実の道ではない。

十　教育基本法

公布：昭和二十二年三月三十一日法二五号
施行：昭和二十二年三月三十一日（附則）

前文

われらは、さきに、日本国憲法を確定し、民主的で文化的な国家を建設して、世界の平和と人類の福祉に貢献しようとする決意を示した。この理想の実現は、根本において教育の力にまつべきものである。

われらは、個人の尊厳を重んじ、真理と平和を希求する人間の育成を期するとともに、普遍的にしてしかも個性ゆたかな文化の創造をめざす教育を普及徹底しなければならない。

ここに、日本国憲法の精神に則り、教育の目的を明示して、新しい日本の教育の基本を確立するため、この法律を制定する。

第一条（教育の目的）

教育は、人格の完成をめざし、平和的な国家及び社会の形成者として、真理と正義を愛し、個人の価値をたつとび、勤労と責任を重んじ、自主的精神に充ちた心身ともに健康な国民の育成を期して行われなければならない。

第二条（教育の方針）
教育の目的は、あらゆる機会に、あらゆる場所において実現されなければならない。この目的を達成するためには、学問の自由を尊重し、実際生活に即し、自発的精神を養い、自他の敬愛と協力によって、文化の創造と発展に貢献するように努めなければならない。

第三条（教育の機会均等）
1　すべて国民は、ひとしく、その能力に応ずる教育を受ける機会を与えられなければならないものであって、人種、信条、性別、社会的身分、経済的地位又は門地によって、教育上差別されない。
2　国及び地方公共団体は、能力があるにもかかわらず、経済的理由によって就学困難な者に対して、奨学の方法を講じなければならない。

第四条（義務教育）
1　国民は、その保護する子女に、九年の普通教育を受けさせる義務を負う。
2　国又は地方公共団体の設置する学校における義務教育については、授業料は、これを徴収しない。

第五条（男女共学）
男女は、互いに敬重し、協力しあわなければならないものであって、教育上男女の共学は、認められなければならない。

第六条（学校教育）

1　法律に定める学校は、公の性質をもつものであつて、国又は地方公共団体の外、法律に定める法人のみが、これを設置することができる。

2　法律に定める学校の教員は、全体の奉仕者であつて、自己の使命を自覚し、その職責の遂行に努めなければならない。このためには、教員の身分は、尊重され、その待遇の適正が、期せられなければならない。

第七条（社会教育）

1　家庭教育及び勤労の場所その他社会において行われる教育は、国及び地方公共団体によつて奨励されなければならない。

2　国及び地方公共団体は、図書館、博物館、公民館等の施設の設置、学校の施設の利用その他適当な方法によつて教育の目的の実現に努めなければならない。

第八条（政治教育）

1　良識ある公民たるに必要な政治的教養は、教育上これを尊重しなければならない。

2　法律に定める学校は、特定の政党を支持し、又はこれに反対するための政治教育その他政治的活動をしてはならない。

第九条（宗教教育）

1　宗教に関する寛容の態度及び宗教の社会生活における地位は、教育上これを尊重しなければならない。

2　国及び地方公共団体が設置する学校は、特定の宗教のための宗教教育その他宗教的活動をしてはならない。

第十条（教育行政）

1　教育は、不当な支配に服することなく、国民全体に対し直接に責任を負って行われるべきものである。

2　教育行政は、この自覚のもとに、教育の目的を遂行するに必要な諸条件の整備確立を目標として行われなければならない。

第十一条（補則）

この法律に掲げる諸条項を実施するために必要がある場合には、適当な法令が制定されなければならない。

十一　教師の倫理綱領

一、教師は日本社会の課題にこたえて青少年とともに生きる

二、教師は教育の機会均等のためにたたかう

三、教師は平和をまもる

四、教師は科学的真理に立って行動する
五、教師は教育の自由の侵害をゆるさない
六、教師は正しい政治をもとめる
七、教師は親たちとともに社会の頽廃とたたかい新しい文化をつくる
八、教師は労働者である
九、教師は生活権をまもる
十、教師は団結する

昭和二十七年六月十八日

日本教職員組合

1.30　文部大臣，緊急アピール「掛けがえのない子どもの命を守るために」
11. 7　第２次橋本内閣，文相に小杉隆就任
9(1997) 3.26　男女共同参画審議室設置法
3.31　教育基本法公布・施行50年
6.25　文部省，入学式・卒業式の「日の丸」「君が代」私立にも実施を求める通知
6.26　中教審，「21世紀を展望したわが国の教育のあり方について」(第２次答申)提出
9.11　橋本改造内閣，文相に町村信孝就任
10(1998) 7.30　小渕恵三内閣成立，文相に有馬朗人就任
9.21　中教審，「今後の地方教育行政のあり方について」答申
10.26　大学審議会「21世紀の大学像と今後の改革方策について競争的環境の中で個性が輝く大学」答申
11. 6　中教審，「初等中等教育と高等教育との接続の改善について」諮問
12.14　「幼稚園要領」「小学校学習指導要領」「中学校学習指導要領」告示
11.25　教育委員会制度五十周年記念式典
11(1999) 8.13　「国旗及び国歌に関する法律」公布同日施行
10. 5　小渕改造内閣，文相に中曾根弘文就任
12(2000) 3.27　首相の私的諮問機関「教育改革国民会議」発足
3.24　都下国立市立第二小学校の卒業式当日，国旗をめぐり児童が校長を土下座させる事件起こる。8.10 都教委，第二小・第五小の教職員17名処分
4. 5　森喜朗内閣発足，中曾根文相留任
5.24　「児童虐待防止等に関する法律」公布
5.31　少年の問題行動等に関する調査研究協力者会議
11.27　少年法改正案成立，13年４月施行
12. 5　第２次森内閣，文相に町村信孝就任
12.22　「教育改革国民会議」最終報告，首相に提出
13(2001) 1. 6　新府省体制スタート，文部省は科学技術庁と統合して文部科学省と改称

12.27　第2次中曾根内閣発足，文相に森喜朗就任
59(1984) 8. 8　臨時教育審議会設置法公布
11. 1　中曾根改造内閣，文相に松永光就任
60(1985)12.28　中曾根改造内閣，文相に海部俊樹就任
61(1986) 7.22　第3次中曾根内閣，文相に藤尾正行就任
9. 9　(日韓併合に関する発言で罷免)塩川正十郎就任
62(1987) 8. 7　臨教審「教育改革に関する第4次答申」(最終答申)を首相に提出
11. 6　竹下登内閣成立，文相に中島源太郎就任
63(1988) 5.　初任者研修制度化
12.27　竹下改造内閣，文相に西岡武夫

平成

元(1989) 3.15　新幼稚園要領，小・中・高校の学習指導要領告示(生活科新設，国旗・国歌の指導)
6. 3　宇野宗佑内閣発足，西岡文相留任
8.10　海部俊樹内閣，文相に石橋一弥就任
11.17　全日本教職員組合協議会(全教)結成(**日教組分裂**)
2(1990) 1.13　大学入試センター試験実施
2.28　第2次海部内閣，文相に保利耕輔就任
12.29　海部改造内閣，文相に井上裕就任
3(1991)11. 5　宮沢喜一内閣発足，文相に鳩山邦夫就任
4(1992)11.13　文相，業者テストを強く批判(業者テスト締め出しを通達H5.2.22)
12.12　宮沢改造内閣，文相に森山眞弓就任
5(1993) 8. 9　細川護熙内閣成立，文相に赤松良子就任
6(1994) 1.31　東京中野区議会，教育委員準公選制1年後廃止を決定
4.28　羽田孜内閣発足，赤松文相留任
5.20　児童の権利に関する条約国内発効
6.30　村山富市内閣発足，文相に与謝野馨就任
11.　公立学校の休業日を第2第4土曜日とする。7年度実施
7(1995) 8. 8　村山改造内閣，文相に島村宜伸就任
12.　「宗教法人法」改正公布，広域宗教法人，文部大臣所轄
8(1996) 1.11　橋本龍太郎内閣成立，文相に奥田幹生就任

12. 7 大平正芳内閣成立，文相に内藤誉三郎就任
54(1979) 2.27 自民党，卒業式・入学式における国旗掲揚，国歌「君が代」斉唱について見解表明
5.25 東京中野区青山区長「教育委員準公選条例」公布
9. 4 文相，「教育長の選任は文部大臣の承認事項であり面接は当然である」と述べる
11. 9 第2次大平内閣発足，文相に谷垣専一就任
55(1980) 2.29 文部省，都教委に中野区の教委準公選を不実施と通知
7.17 鈴木善幸内閣成立，文相に田中龍夫就任
12.25 自民党，「いま教科書は－教育正常化への提言」発行
56(1981) 3. 5 出版労連「教科書『偏向キャンペーン』に反撃し，教科書の軍国主義化・固定化をめざしての策動に反対する」決議
11.30 鈴木改造内閣，文相に小川平二就任
57(1982) 7.20 中国の「人民日報」文部省検定の教科書批判
8. 3 韓国，李外相，前田駐韓大使に教科書問題で記述訂正要求の覚書を提出，正式抗議
8. 5 中国，呉外務次官，鹿取駐中国大使に教科書記述修正を申し入れ
8.26 政府，教科書問題で見解表明，①日韓共同コミュニケ，日中共同声明にある過去の反省の再確認，政府の責任での教科書記述訂正，③教科用図書検定調査審議会に諮っての検定基準改訂。
8.26 宮沢官房長官，「歴史教科書」について談話
8.27 韓国政府，教科書問題で政府見解の原則的受け入れ表明
9. 9 中国政府，教科書問題での日本政府の再説明受け入れ表明。(教科書検定の際，「侵略」を「進出」と書き換えが行われたとするいわゆる教科書大誤報事件の経過)
11.27 中曽根康弘内閣成立，文相に瀬戸山三男就任
58(1983) 6. 2 文部省，「荒れる教室」全国実態調査を公表
6.14 首相私的諮問機関「文化と教育に関する懇談会」発足
9. 2 日教組大会，田中一郎委員長選出
9.12 文相・日教組委員長会談，教育荒廃は国民的課題との認識で一致，会談継続を確認

7.26　日教組，槇枝元文委員長選出
47(1972) 2.19　連合赤軍浅間山荘事件
7. 7　田中角栄内閣成立，文相に稲葉修就任
10. 5　文部省，学制百年記念式典
12.22　第2次田中内閣発足，文相に奥野誠亮就任
48(1973) 8.30　奥野文相，教育長会議でストをする日教組を非合法団体と述べる
12. 4　文相・日教組委員長，人材確保法案と5段階給与制度問題で会談
49(1974) 2.13　奥野文相，日教組を社会主義革命団体と述べる
3.14　田中首相「君が代」「日の丸」を法制化する時期と発言
5.13　田中首相，「五つの大切・十の反省」の徳目を提言
11.11　田中改造内閣，文相に三原朝雄就任
12. 9　田中内閣総辞職，三木武夫内閣成立，文相に永井道雄就任
12.21　永井文相，自民党の文教関係会議で「教育を政治抗争から切り離し対話の姿勢を貫きたい」と表明
50(1975) 7. 4　**日教組，主任任命制反対の方針を決定**
11.28　永井文相・槇枝委員長会見，日教組「主任制度化断念，ストの実損回復」について申し入れ
12.10　日教組，主任制度化反対で半日スト
12.25　主任制度化のための学校教育法施行規則の改正省令公布
51(1976) 2. 3　文部省，主任制度化の「学校管理規則改正案」を送付
5.21　最高裁大法廷，「旭川学力テスト反対闘争事件」「岩手県教組学力テスト反対闘争事件」について原判決破棄，被告の有罪確定
12.24　福田赳夫内閣発足，文相に海部俊樹就任
52(1977) 7.23　文部省，小・中学校新学習指導要領を告示
7.28　民主教育をすすめる国民連合「文部省が君が代を国歌として告示したことに強く抗議する」と決議
11.28　福田改造内閣，文相に砂田重民就任
53(1978) 8.28　文相，「戦後教育は平等の偏重だ，教育勅語良いところある」と述べる

39(1964) 2. 1　文部省，小・中学校教師用「道徳の指導資料」の内容を発表
3.14　文部省，小・中学校道徳指導資料(第1集)を配布
7. 3　憲法調査会，最終報告書を首相に提出
7.18　第3次池田内閣成立，文相に愛知揆一就任
11. 9　佐藤栄作内閣成立
40(1965) 1.11　中教審，「期待される人間像」中間草案を発表
2.25～26　文部省，第1回道徳教育研究発表大会開催
4.15　ILO・ユネスコ「教師の地位に関する勧告草案」を日本政府に送付
4.21　ILO87号条約と関係国内4法案可決
6. 3　佐藤内閣改造，文相に中村梅吉就任
6. 9　文部省，ILO・ユネスコの「教師の地位に関する勧告」について国情にそぐわずと否定
7.23　政府，ILO・ユネスコに「教師の地位に関する勧告草案」送付
8.31　政府・総評・ILO，ILOドライヤー委員会最終報告書の内容を同時発表
41(1966) 6.14　**ILO87号条約発効**(教師の地位に関する勧告)
8. 1　佐藤第2次改造内閣，有田善一文相就任
10.21　日教組，人事院勧告の完全実施を要求して半日休暇スト
12. 3　佐藤第3次改造内閣，文相に剱木亨弘就任
42(1967) 1.13　文部省，「建国記念の日」の扱いについて通達
11.25　佐藤改造内閣発足，文相に灘尾弘吉就任
43(1968) 7.29　文部省，神話の取り扱いについて通達
11.30　佐藤内閣改造，文相に坂田道太就任
44(1969) 1.18～19　東大当局機動隊導入，安田講堂の封鎖解除
8. 3　参議院，「大学の運営に関する臨時措置法案」採決
8. 7　同法公布
45(1970) 1.14　第3次佐藤内閣成立，文相に坂田道太再任
46(1971) 6.11　中教審，「今後における学校教育の総合的な拡充整備のための基本施策について」最終答申(第3の教育改革，「四六答申」)
7. 5　第3次佐藤改造内閣発足，文相に高見三郎就任

8.21　都道府県教育長協議会，組合専従の制限，校長の非組合員化・教育長専任化等についての立法措置要求を決定

9.15　神奈川県教委，神奈川方式を破棄し総辞職

35(1960) 2.12　都道府県教育長協議会，教組在籍専従者制度の廃止と教頭制の確立を文部省に要望

6.19　改定日米安保条約，自然承認

7.19　池田内閣成立，文相に荒木満寿夫就任

7.29　荒木文相，日教組は任意団体であるから交渉に応ぜずと伝達

8.29　文相，全国教育委員長・教育長合同会議で「教育基本法は日本弱体化の占領政策」と発言

11. 9　**日教組，「労働組合権の侵害」を理由に日本政府を ILO に提訴**

12. 8　第2次池田内閣成立，荒木文相留任

36(1961) 2. 7　文相，日教組の ILO への申立について政府見解を表明

4.27　最高裁，旭丘中学事件判決(破棄差戻し)

10.26　文部省，中学2，3年生全員を対象に一斉学力調査実施。北海道・岩手・福岡・京都等で950校が拒否

37(1962) 3.31　義務教育諸学校の教科用図書の無償に関する法律公布

7.11　全国小・中学校一斉学力調査実施

10.17　池田首相，「国づくり」「人づくり」政策推進のための懇談会設置

12. 5　池田首相，私的諮問機関「人づくり懇談会」第1回会合

38(1963) 1.14　経済審議会，「経済発展における人的能力開発の課題と対策」答申

1.23　池田首相施政方針演説で「人づくりは国づくりの根幹」と発言

3. 2　政府，ILO87条約批准案件と関係国内5法案を衆議院に提出

6.26　全国一斉学力調査実施

7.18　池田改造内閣で文相に灘尾弘吉就任

12.21　義務教育諸学校の教科用図書の無償措置に関する法律公布

8.13　日本民主党「うれうべき教科書の問題」第一集発行
10.13　社会党統一大会
11.15　自由民主党結党(保守合同)
11.22　第3次鳩山内閣成立，文相に清瀬一郎就任
31(1956) 3. 8　地方教育行政の組織及び運営に関する法律案を国会提出
3.13　新教委法案，衆議院本会議に提出，臨時教育制度審議会設置法案，衆議院本会議で可決
3.19　矢内原東大学長ら在京9大学学長,教育2法案に反対声明
6. 2　地教行法案可決成立，6.30公布，10.1施行
6.11　憲法調査会法公布
11. 1　愛媛県教委，勤務評定による昇給昇格実施方針決定
12.23　石橋湛山内閣成立，灘尾弘吉，文部大臣に就任
32(1957) 2.25　第1次岸内閣成立，灘尾文相
6.28　**日教組，各県教組に教科書採択に関する指示**
「教科書採択権は教師又は学校にあって教育委員会は採択事務を行うに過ぎない」
7.10　岸改造内閣，文相に松永東就任
8.13　**文部省，「勤務評定」実施通達**
12.22　日教組，臨時大会で「非常事態宣言」を発し勤務評定阻止のための実力行使を決定
33(1958) 3.18　文部省，小・中学校における「道徳教育の実施要綱」通達
4.23　勤評，1都38県で実施，都教組10割休暇闘争
6.12　第2次岸内閣成立，灘尾弘吉，文相に就任
10. 1　文部省「小学校学習指導要領」「中学校学習指導要領」を官報告示
12. 9　神奈川県教育委員会，独自の勤務評定を決定
12.12　文部省，教科用図書検定基準告示
12.31　橋本竜伍厚相，文相を兼任
34(1959) 1. 1　メートル法施行
1.12　岸内閣改造，橋本竜伍文相に就任
1.16　文相，勤評神奈川方式を認めないとの見解表明
6.18　第3次岸内閣発足，松田竹千代，文相に就任
8. 4　文部省，教職員の勤務評定の実施と服務等について通達

8.12　(天野文相辞任し)自治庁長官岡野清豪，文部大臣兼任(これ以後，党人文相となる)
8.20　岡野文相，日教組に対し，教員の政治活動禁止を言明
10. 5　第3回教育委員選挙実施
10.30　第4次吉田内閣成立，岡野文相留任
28(1953) 1. 6　中央教育審議会発足
5.21　第5次吉田内閣成立，文相に大達茂雄就任
6. 5　山口県教委，県教組編集の小中学生日記を内容偏向と問題化
7. 8　文部省，「教育の中立性の確保について」の次官通達を発し山口県教組の「小学生日記」について各教育委員会に警告
8. 8　教員給与三本建法成立
12.　京都旭丘中学事件起こる
12.23　文部省初中局長，都道府県教育長に「教育の中立が保持されていない事例の調査について」秘密通達
29(1954) 1.18　中教審，「教員の政治的中立維持に関する」答申
2.16　政府，教育二法案決定
3. 3　文部省，偏向教育事例として山口県小・中学生日記事件，京都市旭丘中学校事件等24件を資料として衆議院文部委員会に提出
5. 5　京都市教育委員会，旭丘中学3教員に対し，懲戒免職処分を発令
6. 3　**教育二法公布**
8.13　大達文相，教育委員会制度の再検討を表明
11.17　最高裁，教育勅語合憲確認請求を却下
12.10　第1次鳩山内閣成立，文相に安藤正純就任
12.18　少年自衛隊員募集について秋田・岩手県教組の非協力が問題化
30(1955) 1.12　鳩山首相，対中ソ国交回復・憲法改正などに積極的と意向を表明
2. 8　文部省，教員の選挙違反防止について通達
3.19　第2次鳩山内閣成立，文相に松村謙三就任
4.　中学校社会科，地理・歴史・一般となる

5. 3　吉田首相，南原東大総長を「曲学阿世の徒」と批判
5. 6　吉田内閣一部改造，天野貞祐，文部大臣に就任
6.25　**朝鮮戦争勃発**
6.28　吉田改造内閣，天野文相留任
7.10　**日教組「教師の倫理綱領」を発表**
8.27　第2次米国教育使節団来日
10.17　天野文相，学校の祝日行事に国旗掲揚·君が代斉唱を勧める談話通達
11. 7　天野文相，全国教育長会議で「修身科」復活·「国民実践要領」の必要性を強調
11.10　第2回教育委員選挙実施
26(1951) 1. 1　マッカーサー，年頭声明で対日講和・日本再武装の必要を強調
1.24　日教組，「教え子を再び戦場に送るな」のスローガン採択
2. 7　天野文相，衆議院で「静かなる愛国心」の必要を説く
2. 8　文部省，教育課程審議会の答申に基づき，道徳教育振興基本方策を発表(道徳科特設せず，手引き書配布)
4.11　トルーマン大統領，マッカーサーを解任。後任はリッジウェイ
5. 5　マッカーサー，米議会上院で「我々が45才であるのに対し，日本人は12才の子供のようなものだ」と述べる
7. 4　吉田改造内閣，天野文相留任
8. 7　日教組中央委員会，「教師の倫理綱領」採択
9. 4　サンフランシスコ対日講和会議開催，52ヵ国参加
9. 8　日米安全保障条約調印
9. 9　対日平和条約調印
11.14　**天野文相，「国民実践要領」を発表**
11.27　天野文相，「国民実践要領」構想を白紙撤回
27(1952) 4. 9　教職員の除去，就職禁止等に関する政令の廃止法公布
4.28　**対日平和条約・安保条約発効**
GHQ 廃止
6. 6　政府，文部大臣の諮問機関として**中央教育審議会設置**
6.18　**日教組大会で「教師の倫理綱領」を決定**

8. 2　文部省「あたらしい憲法のはなし」発行
11.20　英エリザベス王女結婚式
23(1948) 3.10　芦田均内閣成立，森戸文相留任
4. 4　GHQ，祝祭日に国旗掲揚を許可
6.17　日教組教育復興会議を結成
6.19　衆議院「教育勅語等排除に関する決議」案可決
参議院「教育勅語等の失効確認に関する決議」案可決
6.25　文部省，教育勅語排除について通達
7.15　**教育委員会法公布**
7.31　政令201号公布により，**教員の争議権・団体交渉権を禁止，日教組「非常事態宣言」**
8. 2　日教組，日本教育会の解散を強行
9. 9　GHQ/CIE オア教育課長，日教組の教育委員会支配望ましくないと談話発表
9.16　東京軍政部ホーリングスヘッド，現職教員の教育委員不適当・立候補辞退を勧告
10. 5　第1回教育委員選挙
10.19　第2次吉田内閣成立，文相に下条康麿就任
11. 1　都道府県・5大市・49市町村で教育委員会発足
11.12　極東国際軍事裁判判決
12.23　極東国際軍事裁判所，A級7戦犯に絞首刑執行
24(1949) 1. 1　マッカーサー，年頭の辞で国旗掲揚を無制限に許可
2.13　東京軍政部，教員の共産主義宣伝活動は解雇の対象になると警告
2.16　第3次吉田内閣成立，文相に高瀬荘太郎就任
4. 9　関東軍政部，教員の政治活動規制を教育委員会に指示
6. 1　教育刷新委員会，総理府設置法により，教育刷新審議会と改称
6.11　文部省，教育基本法第8条の解釈について通達(教員の政治活動の限界を指示)
25(1950) 1. 1　マッカーサー，年頭の辞で憲法の戦争放棄は自衛権の否定意味せずと言明
2.13　都教委，246名の教員をレッド・パージ

表
4.17　政府，憲法改正草案を発表
4.22　幣原内閣総辞職
5. 3　**極東国際軍事裁判（東京裁判）開廷**
5. 7　教職の除去・就職禁止及び復職に関する勅令公布
GHQ/CIE のトレーナーと豊田武神話論争
5.15　**「新教育指針」**第 1 分冊発行配布（～11.15 全 4 冊）
5.22　第1次吉田内閣，田中耕太郎文部大臣に就任
6. 7　GHQ/CIE 局長にニュージェント就任
6.29　GHQ 地理授業再開を許可
7. 6　政府，国号の呼称を『日本国』と決定
8. 3　第90帝国議会衆議院「文教再建に関する決議」
8.10　**教育刷新委員会設置**（安倍能成委員長）
9.10　文部省国定教科書「くにのあゆみ」上を発行
10.12　GHQ 国史授業の再開を許可
11. 3　日本国憲法公布
11.29　教育刷新委員会第13回総会「教育の理念及び教育基本法に関すること」採択
12.27　教育刷新委員会第1回建議「①教育の理念及び教育基本法に関すること②学制に関すること③私立学校に関すること④教育行政に関すること」
12.30　六・三・三・四教育制度を発表
22(1947) 1.31　吉田改造内閣，高橋誠一郎文部大臣就任
2. 5　文部省新学制方針を発表（3ヵ年計画案）
3.20　学習指導要領一般篇（試案）発行
3.26　貴族院本会議，教育基本法案を可決
3.31　**教育基本法・学校教育法公布即日施行**
4. 1　**六・三制新学制発足**
5. 3　**日本国憲法施行**
5.20　吉田内閣総辞職
6. 1　片山三党連立内閣成立，森戸辰男文部大臣に就任
6. 8　**日本教職員組合結成大会**
7.20　森戸文相「教育者諸君に訴う」放送

9. 6　トルーマン米大統領，「最高司令官の権限について」マッカーサーに指令
9.15　文部省「新日本建設ノ教育方針」を発表
9.22　米政府「降伏後ニ於ケル米国ノ初期ノ対日方針」を発表
9.27　天皇・マッカーサー第1回会見
10. 2　GHQ/SCAP 並びに CIE 設置(局長にダイク)
10. 4　GHQ「政治的・民事的及宗教的自由ニ対スル制限ノ撤廃ニ関スル覚書」これにより東久邇内閣総辞職
10. 9　幣原喜重郎内閣成立，前田多聞文相留任
10.10　政治犯3000名釈放
10.11　GHQ「幣原首相ニ対シ表明セルマッカーサー意見」(**五大改革指令**)
10.22　GHQ「日本教育制度ニ対スル管理政策」を指令
10.30　GHQ「教員及教育関係官ノ調査，除外，認可ニ関スル件」を指令(**教職追放指令**)
12. 1　全日本教員組合(全教)結成
12. 2　日本教育者組合(日教)結成
12. 8　GHQ「太平洋戦争史」全新聞一斉掲載
12.15　GHQ「国家神道，神社神道ニ対スル政府ノ保証，支援，保全，監督並ニ弘布ノ廃止ニ関スル件」指令(**神道指令**)
12.31　GHQ「修身，日本歴史及地理停止ニ関スル件」を指令(**三教科停止指令**)
21(1946)　1. 1　「新日本建設ニ関スル詔書」
1. 4　GHQ「公職ヨリ好マシカラザル職員除去方ニ関スル件」(**公職追放指令**)
1. 9　GHQ「日本教育家ノ委員会ニ関スル件」覚書(米国教育使節団に協力する**日本側教育家委員会設置指令**)
1.13　安倍能成，文部大臣に就任(前田文相公職追放による)
2. 3　マッカーサー，日本国憲法草案作成を指示(**マッカーサー・ノート**)
2.13　GHQ 憲法草案を日本政府に手交
3. 5　**第1次米国教育使節団来日**
3.31　米国教育使節団マッカーサーに報告書提出。GHQ 4.7公

13　戦後教育史略年表

明治

5(1872) 9　「学制」を全国に頒布
12(1879) 9　「学制」を廃して「教育令」公布
13(1880)12　「教育令」を改正公布(学校の設置，就学義務を強化)
14(1881) 5　小学校教則綱領制定
18(1885)12　内閣制度創設(森有礼初代文部大臣に就任)
19(1886) 4　「小学校令」「中学校令」「師範学校令」「諸学校通則」公布。これによって整然たる学校制度はじめて確立。
　小学校を尋常・高等の2段階とし(尋常4年は義務教育)，中学校を尋常中学校，高等中学校の2段階とした。
22(1889) 2.11　**大日本帝国憲法公布**
23(1890)10.30　**「教育に関する勅語」発布**
27(1894) 6　「高等学校令」公布(高等中学校を高等学校と改称)
32(1899) 2　「中学校令」改正公布(尋常中学校を中学校と改称)
40(1907) 3　「小学校令」改正公布(義務教育年限を6ヵ年に延長，41年4月から実施)

大正

9(1920) 4　帝国大学のほかに国立の大学が設けられた(東京商科大学)。この前後に大学令による私立大学が相次いで設立を認可された。

昭和

16(1941) 3　「小学校令」改正,「国民学校令」公布(高等科2ヵ年を義務教育に加えたが，戦時特例により実施延期)
19(1944) 2　青年師範学校創設
　8　「学徒勤労令」公布
20(1945) 5　「戦時教育令」公布
　8. 4　ポツダム宣言受諾
　8.15　**終戦の詔書**，文部省訓令
　8.17　東久邇宮内閣成立
　8.18　前田多聞，文部大臣に就任
　9. 2　**ミズーリ艦上にて降伏文書調印**

2. 全日本教職員連盟（全日教連）

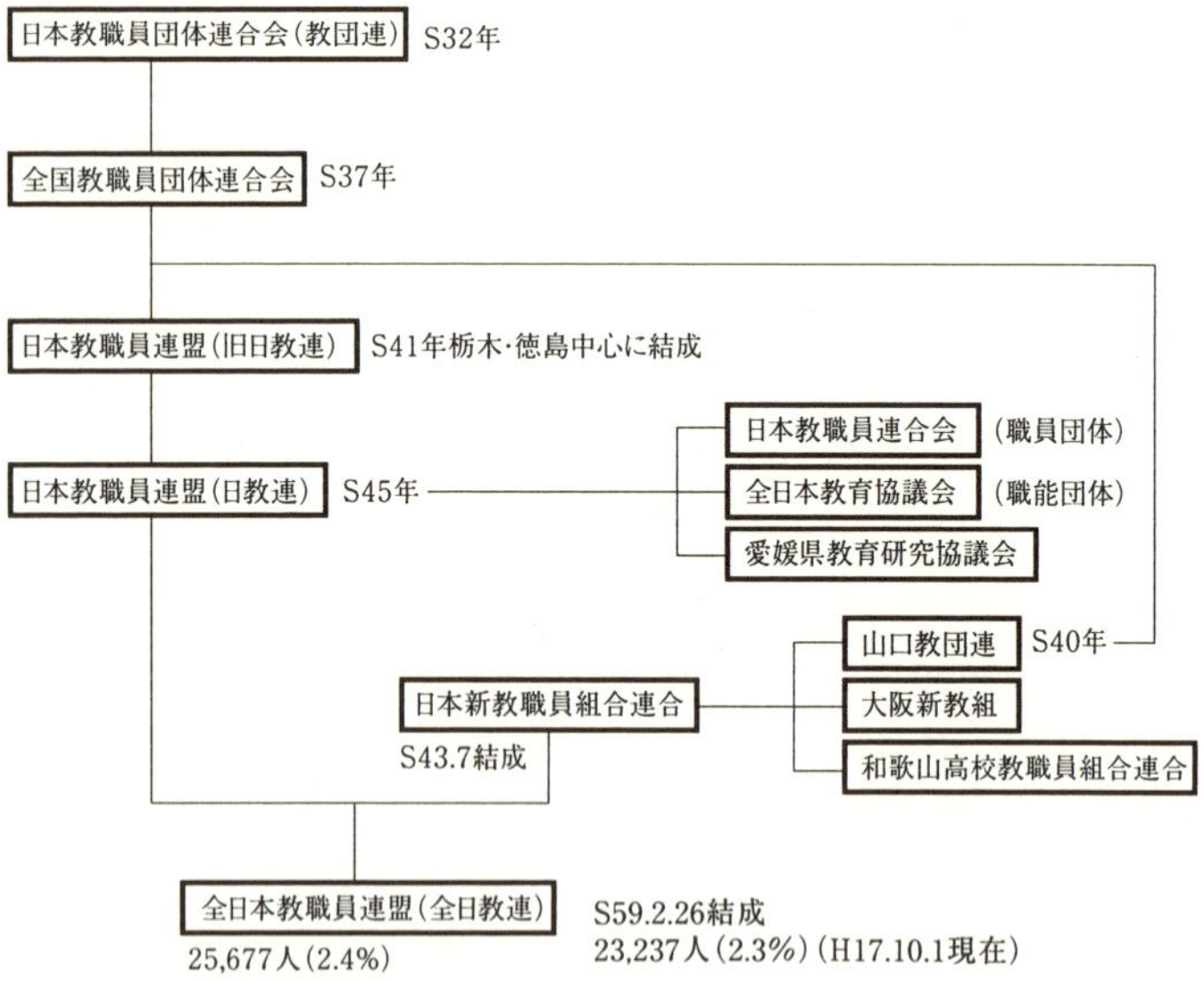

3. 日本高等学校教職員組合（日高教右派） 11,598人（1.1%）（H17.10.1現在）

・９県の組織構成、組織拡大最大の課題

4. 全国教育管理職員団体協議会（全管協） 3,515人（0.3%）（H17.10.1現在）

・S49年結成、処遇改善と教育正常化めざす

教職員団体の組織状況　　（単位：人，%）

調査年月日	平成 17. 10. 1		平成 16. 10. 1	
教職員団体名＼加入者数及び率	加入者数	%	加入者数	%
日教組	303,856	29.5	309,913	29.9
全教	75,005	7.3	78,791	7.6
日高教（右）	11,598	1.1	11,998	1.2
全日教連	23,237	2.3	23,867	2.3
全管協	3,515	0.3	3,484	0.3
その他の職員団体	72,292	7.0	75,136	7.2
小計（教職員団体合計）	489,503	47.5	503,189	48.5
非加入	541,745	52.5	534,156	51.5
合計（教職員総数）	1,031,248	100.0	1,037,345	100.0

12　教職員団体系統図

平成18年4月作成
(H17.10.1現在組織状況＝文科省調べ)

1. 日本教職員組合

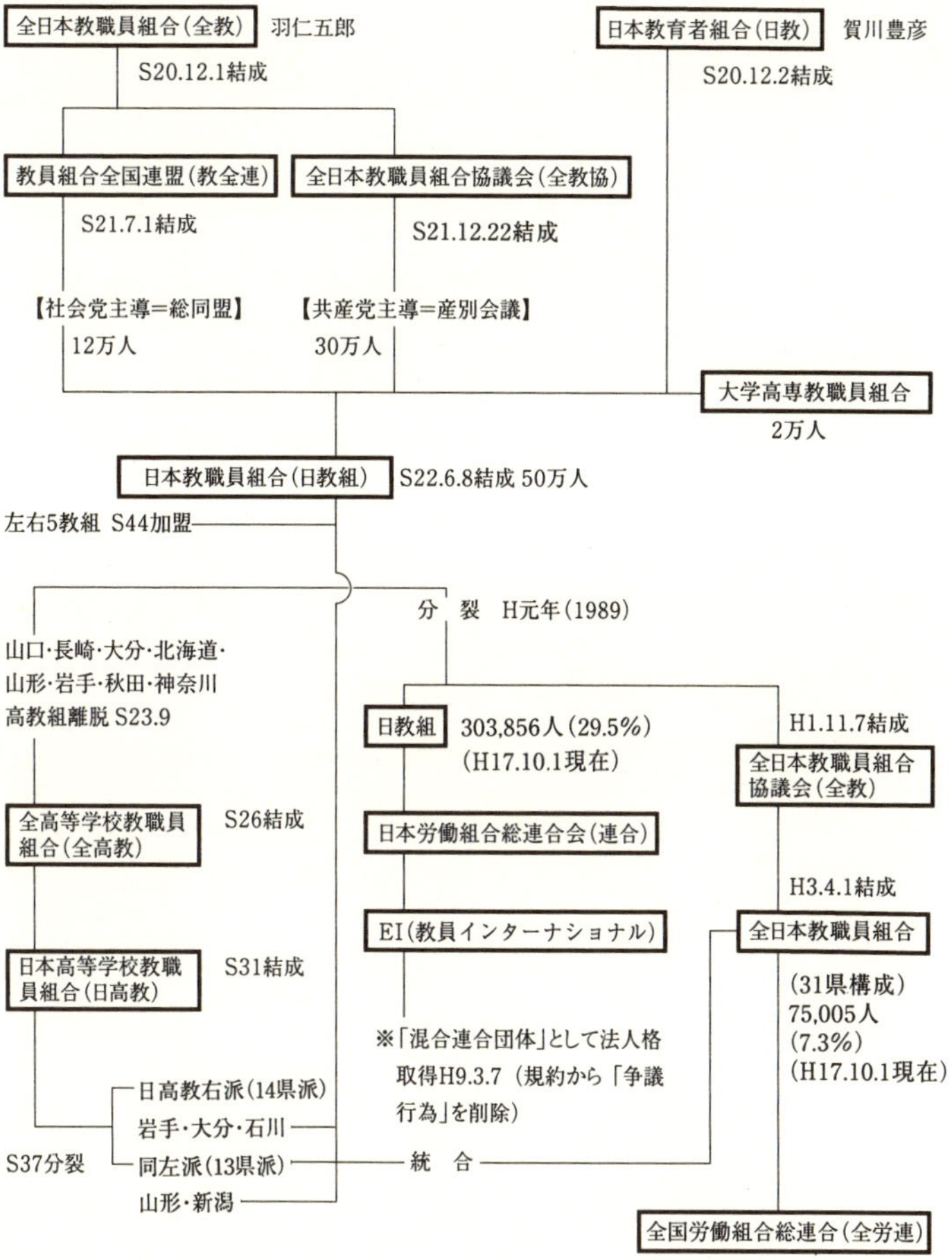
全日本教職員組合(全教)
羽仁五郎
S20.12.1結成
日本教育者組合(日教)
賀川豊彦
S20.12.2結成
教員組合全国連盟(教全連)
S21.7.1結成
全日本教職員組合協議会(全教協)
S21.12.22結成
【社会党主導＝総同盟】
12万人
【共産党主導＝産別会議】
30万人
大学高専教職員組合
2万人
日本教職員組合(日教組)
S22.6.8結成 50万人
左右5教組 S44加盟
分 裂 H元年(1989)
山口·長崎·大分·北海道·
山形·岩手·秋田·神奈川
高教組離脱 S23.9
日教組
303,856人(29.5%)
(H17.10.1現在)
H1.11.7結成
全日本教職員組合
協議会(全教)
全高等学校教職員
組合(全高教)
S26結成
日本労働組合総連合会(連合)
H3.4.1結成
EI(教員インターナショナル)
全日本教職員組合
日本高等学校教職
員組合(日高教)
S31結成
(31県構成)
75,005人
(7.3%)
(H17.10.1現在)
※「混合連合団体」として法人格
取得H9.3.7 (規約から「争議
行為」を削除)
日高教右派(14県派)
岩手·大分·石川
S37分裂
同左派(13県派)
統 合
山形·新潟
全国労働組合総連合(全労連)

あとがき

私が教師になった昭和三十年代の初め頃、学校にはまだ戦前の学校の雰囲気が残っていた。中堅クラス以上の教師たちが師範学校卒だったことによるものと思う。当時、先輩の教師から〝教育魂〟という言葉を聞いた。これが専門職者としての矜持《きょうじ》であり、父母の信頼もこうした姿勢に対するものだったように思う。昭和二十七年以降、新制大学の教育学部・学芸学部卒の教師や、開放性の教員免許によって一般大学卒の教師が増加するにつれて、こうした気風は次第に薄れていった。

もう一つ、学校の空気を変える要因となったのは、日教組と各県教組の運動である。教育現場は組合組織の単位として分会と呼ばれ、校務分掌とは別に分会長以下の職場組織が作られていた。こうした二重構造の中で教師たちは、教師と組合員という役割を担った。前述したように、日教組はこれを「良き組合員は良き教師」とした。教育現場で分会としての存在を優位に置くスローガンである。

これも前述したように、分会、支部、県と、それぞれ執行部を構成する役員選挙が社会党系、共産党系によって争われた。大会前の役員選挙の時期になると、職場にはおびただしい量の宣伝ビラが職員室の机上に積まれた。

私が支部の役員に選出され、やがて県教組の役員になったのは、本文のＩＬＯ八十七号条約批准にともなう国内法の問題が具体化した時期であった。当時、日教組は選挙に強く、ストライキができる組織は強い組合としていた。

プロになった役員は最後にはおおむね、各級議会に組織代表の議員として送り込まれた。私も組織代表として社会党から参議院議員になった。

平成元年（一九八九年）、冷戦構造が崩壊し、ベルリンの壁も崩れた。私はその前年、県公務員共闘の団長としてヨーロッパ各国とＩＬＯ本部を訪れ、労働基本権問題について調査と交流を行った。東ベルリンでは公務員関係労組の幹部と会談した。社会主義国家においては、国家と労働組合との間には矛盾は存在せず、自分たちこそ国家建設の重要な担い手であると語っていた。

二年後、参議院の調査団として再びベルリンを訪れた時、壁は既になかった。日本大使館の説明によると、ソ連のゴルバチョフ書記長が東ベルリンを訪問した時、自由化を求めて大デモが行われ、後に亡命を余儀なくされたホーネッカー議長がゴルバチョフに、「天安門方式」で鎮圧する意向を伝えた。これに対し、ゴルバチョフは時代錯誤であるといさめたとのことであった。

県の公務員共闘はその後、ＩＬＯを訪問し、労働基本権・時間短縮問題についての各国の状況を聴取し、わが国の問題について述べたが、ＩＬＯ事務局は、各国はそれぞれ国内問題について自助努力によって解決していると説明していた。本文のＩＬＯ八十七号条約問題も、労働側は国際機関への提訴によって問題解決を図ろうとしてきた。ここへ来て「自助努力」と言われれば至極当然のことのように思えて、団員一同、この訪問団の土産は「自助努力」にしようと語り合ったのを覚えている。国内で組織に伝えられた話と現地で聞いた事との相違を感じた。

参議院議員として三宅坂の社会党本部との接触が深まるにつれ、県教組当時、社会党に抱いていた印象との相違を痛感した。

冷戦の終焉《しゅうえん》で平和の到来を信じていた社会党にとって、湾岸危機が戦争に拡大したことはショックだった。ＰＫＯ法案等への対応で三日間にわたる牛歩戦術、衆議院議員の辞職戦術は国民の支持を得られなかったばかりか、党内に亀裂を生じた。五五年体制に安住し、政権獲得の意欲もなく、惰性で九〇年代を迎えたための混乱である。

議員在任期間半ばで、「護憲」のみで改革への意欲もない党と訣別した。残る任期を自らの政治信念に基づき行動した。しかし、この時点で、出身の日教組・県教組とは縁が切れた。日教組の倫理綱領にある「団結は最高の倫理」によって私は裏切り者になった。

九〇年代、日本の政治は混迷の度を深め、「村山政権」という憲政の常道に悖る政権を生み出した。その後、民主党の誕生とともに、社民党から大量の離脱者が民主党に走った。県丸ごとで看板を書き換えたところもある。本文でも述べたように、この動きの中で日教組は、社民・民主両党支持を打ち出し、引き続き政治的影響力を温存しようとしている。

しかし、今日の教育の状況は、占領の遺制として形骸を晒《さら》しているのみの日教組の存在を許さない。

＊　＊　＊

今日教育基本法の改正問題が政治日程に上り、これを軸として、教育再生を目指す動きが活発化している。日教組は「教育基本法改悪は憲法改正への一里塚」として反対運動を展開している。本書は第二部「新たな思想闘争のイデオローグとして」を加筆して、今日の日教組の問題を提起することとした。教育の再生、正常化のために教育現場での日教組支配を立ち切らなければならない。

平成十八年十一月

小林　正

参考文献

『戦後日本教育資料集成』三一書房、昭和五十七年
『戦後教育の総合評価』国書刊行会、平成十一年
西　鋭夫著『国破れてマッカーサー』中央公論社、平成十年
『日教組十年史』『日教組二十年史』『日教組三十年史』労働旬報社
大田　堯編著『戦後日本教育史』岩波書店、昭和五十三年
『日本近現代史小辞典』角川書店、昭和五十三年
五百頭　真著『米国の日本占領政策』（上・下）中央公論社
鈴木英一・平原春好編『資料教育基本法五十年史』勁草書房、平成九年
明神　勲著『占領下日本における教職追放』釧路論集、平成九年
山本礼子著『戦後教育改革通史』明星大学戦後教育史研究センター、平成五年
鈴木英一著『日本占領と教育改革』勁草書房、昭和五十八年
文部省審査関係法規研究会著『教職適格審査関係法規と解説』国立書院、昭和二十三年
永井　隆著『長崎の鐘』日比谷出版社、昭和二十四年
近畿大学時事問題研究会『共産党と日教組の動き』昭和二十九年
連合軍総司令部民間情報教育局資料提供『太平洋戦争史』高山書院、昭和二十一年
三浦朱門著『日本人をダメにした教育』海竜社、平成十年

参考文献

西沢潤一著『教育の目的再考』岩波書店、平成八年
藤岡信勝著『汚辱の近現代史』徳間書店、平成八年
江藤　淳著『閉ざされた言語空間』文藝春秋、平成元年
ヘレン・ミアーズ著『アメリカの鏡・日本』メディアファクトリー、平成七年
荻野　末著『ある教師の昭和史』一ッ橋書房、昭和四十五年
片岡鉄哉著『日本永久占領』講談社＋α文庫、平成十一年
チャールズ・A・リンドバーグ著『第二次大戦日記』新潮社、昭和四十八年
会田雄次著『アーロン収容所』中公新書、昭和三十七年
竹山道雄著『昭和の精神史』福武書店、昭和五十八年

著者紹介

昭和8年東京生まれ。麻布学園高等学校，横浜国立大学学芸学部卒。

同32年，川崎市公立学校教諭。

同57年，神奈川県教職員組合執行委員長。

平成元年，参議院議員に当選（日本社会党）。同5年，日本社会党を離党し，新生党を経て新進党結成に参画，同党広報副委員長。在任中，参議院文教委員会理事，同地方分権・規制緩和特別委員長，同緑風会政策審議会長。

新しい憲法をつくる国民会議理事，日本の教育改革を進める会理事，民間教育臨調・教育制度部会長，新しい歴史教科書をつくる会会長。

「日教組」という名の十字架

平成十三年十月一日　初版発行
平成十八年十一月十五日　増補改訂発行

著者　小《こ》林《ばやし》正《ただし》
発行者　山本三四男
印刷所　善本社事業部

〒一〇一-〇〇五一　東京都千代田区神田神保町一―八
発行所　株式会社　善本社
TEL（〇三）三二九四―五三一七
FAX（〇三）三二九四―〇二三二

ISBN4-7939-0411-4　C0037